A VIRGEM MARIA NA REALIDADE AFRO-BRASILEIRA

História e manifestações

DILERMANDO RAMOS VIEIRA

A VIRGEM MARIA NA REALIDADE AFRO-BRASILEIRA

História e manifestações

EDITORA
SANTUÁRIO

Dados Internacionais de Catalogação na Publicação (CIP) de acordo com ISBD

V658v Vieira, Dilermando Ramos

A Virgem Maria na realidade afro-brasileira: História e manifestações / Dilermando Ramos Vieira. - Aparecida, SP: Editora Santuário, 2021.
200 p.; 16cm x 23cm.

Inclui índice.
ISBN 978-65-5527-045-7

1. Religião. 2. Cristianismo. 3. Virgem Maria. I. Título.

2020-2527 CDD 240
CDU 24

Elaborado por Vagner Rodolfo da Silva - CRB-8/9410

Índice para catálogo sistemático:
1. Religião: Cristianismo 240
2. Religião: Cristianismo 24

1ª impressão

Rua Padre Claro Monteiro, 342 — 12570-000 — Aparecida-SP
Tel.: 12 3104-2000 — Televendas: 0800 016 00 04
www.editorasantuario.com.br
vendas@editorasantuario.com.br

A todos os afrodescendentes que, com sua fé e testemunho de vida, deram e dão inestimável enriquecimento ao Catolicismo no Brasil. Dedico.

Fr. Dilermando M. Ramos Vieira, OSM

SIGLAS E ABREVIAÇÕES

AG	Ad Gentes
AL	Alagoas
ASV	Arquivo Secreto Vaticano
BA	Bahia
CEBs	Comunidades Eclesiais de Base
CELAM	Conselho Episcopal Latino-americano
Cf.	Confira
CNBB	Conferência Nacional dos Bispos do Brasil
DP	Documento de Puebla
EN	Evangelii Nuntiandi
GS	Gaudium et Spes
IPHAN:	Serviço do Patrimônio Histórico e Artístico Nacional
LG	Lumem Gentium
MASP	Museu de Arte de São Paulo
MC	Marialis Cultus
MG	Minas Gerais
NDR	Nota do Redator
OC	Obra ou artigo citado
OFM	Ordem dos Frades Menores
OP	Ordem dos Pregadores
p.	Página
PE	Pernambuco
PUC	Pontifícia Universidade Católica

RCC	Renovação Carismática Católica
RJ	Rio de Janeiro
RS	Rio Grande do Sul
SD	Sem data
SI	Societas Iesu
SNT	Sem Notas Tipográficas
SP	São Paulo
UFRJ	Universidade Federal do Rio de Janeiro
Vol.	Volume

INTRODUÇÃO

Geográfica e culturalmente, o Brasil é um país ocidental, fato esse que não minimiza a importância de suas características específicas, dentre elas, a singular configuração racial que tanto o distingue. Essa, como se sabe, teve como principais protagonistas os portugueses e seus descendentes, que, mesclando-se com povos vários, amalgamaram a nova nacionalidade dos trópicos, que hoje se nos apresenta.

Nesse complexo, e muitas vezes conflitivo processo de formação étnico-cultural, a componente negra vivenciou uma realidade bastante diversa, não exatamente melhor, daquela das colônias britânicas. Exemplo disso é a aludida mestiçagem brasileira, de proporções bem maiores, e suas variantes culturais e religiosas, certamente, mais vistosas.

Ressalve-se que a presente análise reúne o grande grupo mestiço à minoria negra, visando favorecer uma compreensão abrangente do fenômeno; mas essa associação acontece por conveniência metodológica, e não pela aceitação tácita dos padrões classificatórios *yankees*. Ou seja, não se forçam aqui concordâncias, pois, muitos aspectos do convívio interracial em ambos os países foram, e continuam sendo, bem distintos.

Que o diga a legislação de cada um deles. Nos Estados Unidos, após a guerra da secessão (1861-1865), com a vitória do norte abolicionista, aos 6 de dezembro de 1865, a 13ª Emenda suprimiu formalmente o cativeiro dos negros; mas não eliminou o preconceito racial que os circundava. Daí, os estados do sul instituiram mecanismos assegurando a supremacia branca, a exemplo das leis *Jim Crow*, que ensejaram o estabelecimento de um sistema que separava todos pela etnia, das escolas aos lugares no transporte coletivo. Ditas leis perduraram de 1876 a 1965, apoiando-se no artifício de que em solo pátrio os cidadãos eram *separate but equal* ("separados, mas iguais"), quando, o que realmente se afirmou, foi a exclusão dos afrodescendentes dos mais importantes setores da vida pública[1].

Também os matrimônios interraciais foram proibidos em certas unidades da Federação, que só os consentiriam a partir de 1967. A miscigenação era deveras indesejada, e o censo de 1920 impôs que todos os mestiços afrodescendentes fossem reclassificados como "negros". Mais rude ainda foi a ação da Ku Klux Klan, criada em Pulaski, Tennessee, no dia 24-12-1865, por iniciativa de seis ex-oficiais confederados. A organização se expandiu, estruturou-se e passou a ter como primeiro grande chefe o ex-general Nathan Bedford Forrest (1821-1877). Truculenta, em nome do "resgate" *white, anglo-saxon and protestant* ("branco, anglo-saxão e protestante"), a klan causou numerosas vítimas, forçando o Presidente Ulysses Simpson Grant (1822-1885) a reprimi-la com os *Enforcement Acts* (1870/71). A medida surtiu efeito, mas a Ku Klux Klan renasceria no século seguinte[2].

A história brasileira, como se verá mais adiante, seguiu outro rumo, coisa que não atenua o trauma advindo da inserção dos africanos escravizados numa sociedade estranha e não raro hostil. De qualquer modo, não há como negar que a mentalidade nativa assumiu contornos bem diferentes dos da grande nação do norte. A análise de Ana Maria Machado oferece uma interessante explicação a respeito:

> Nilo Peçanha era mulato. Mestiço, como foram outros presidentes. Só que, diferentemente dos Estados Unidos, o Brasil não tem o hábito de anular um dos lados que compõem esta mestiçagem e se referir a um mulato como se fosse negro. Tanto que nunca mencionamos Nilo Peçanha como presidente negro. Não temos essa noção que basta uma gota de sangue africano para caracterizar a negritude, de forma a apresentá-la como um defeito irremediável (antigamente, para certos

[1] S. Benson, *Stati Uniti*, EDT, Torino 2010, p. 50.

[2] M. Maffi, *Americana. Storie e culture degli Stati Uniti dalla A alla Z*, Il Saggiatore, Milano 2012, p. 358-359.

> setores da sociedade) ou de orgulho (hoje em dia). Nossa tendência cultural é ver o mestiço como o exemplo de uma mistura, como mestiçagem mesmo. Mas é claro que isso não é sinônimo de falta de preconceito, é só uma diferença.[3]

Outro particular relevante é que, sendo o Brasil uma terra de maioria católica, ao seu interno floresceu singular piedade Mariana, que acabou se convertendo num espaço privilegiado para as manifestações da sensibilidade negra oprimida. Nesse acontecimento memorável, os cativos encontraram na figura da Virgem maternal uma referência para as suas próprias dores, e a assumiram como sua. Maria de Nazaré metamorfoseou-se então, convertendo-se na Mãe negra, africanizada nas mais emblemáticas produções artísticas da colônia, antecipando, de certa maneira, o que mais tarde ficaria conhecido como "inculturação".

De qualquer modo, o batismo "compulsório", ao lado de uma catequese parcimoniosa, ensejou contemporaneamente outro fenômeno de múltiplos desdobramentos: o sincretismo. A Maria venerada nesses cultos, de diferentes maneiras, acabou identificada com divindades femininas originárias do outro lado do Atlântico, gerando uma mistura inusitada, inconcebível numa análise superficial.

A atitude da Igreja, enquanto hierárquica, ante a religiosidade mariana negra como um todo, tem variado com o tempo, mas sua eficácia pastoral, sobretudo no período republicano, não foi exatamente um primor de bons resultados. Recorda-se, por exemplo, que no pré-concílio, a preocupação com a ortodoxia levou a um combate sem tréguas contra o sincretismo tipo Maria-Iemanjá, mas não deu a merecida atenção às especificidades dos fiéis não brancos, pois o discurso era universalista. Depois do Concílio, as necessárias mudanças tampouco produziram os frutos esperados, quiçá devido à forma abrupta com que tantas vezes foram levadas a efeito; mas tentativas outras não faltam, deixando em aberto a possibilidade de um diverso porvir.

---

[3] A. M. Machado, *Infâmia*, Editora objetiva, Rio de Janeiro 2011, p. 100.

I

O PROCESSO DE FORMAÇÃO DA POPULAÇÃO NEGRA E PARDA NO BRASIL

A mais antiga invocação mariana que se conhece, a *Sub tuum praesidium* ("Sob a tua proteção"), composta por volta do ano 250, já invocava o amparo misericordioso de Maria, evidenciando igualmente que a devoção a ela se encontrava enraizada na Igreja antiga. Tenha-se ainda presente que essa composição veio à luz justo ao tempo do imperador Gaio Méssio Quinto Trajano Décio, ou, mais simplesmente, Décio (201-251), célebre pela ferocidade com que perseguiu o Cristianismo.[4]

Foi no período medieval, contudo, que a música sacra e as obras de espiritualidade relacionadas à Mãe de Deus se sobressaíram de forma extraordinária. Tornaram-se grandes exemplos disso as "quatro antífonas", todas depois incluídas na oração coral das *Completas*. Até o Concílio Vaticano II, assim estiveram elas associadas aos tempos litúrgicos:

– *Ave Regina Caelorum* ("Ave, Rainha do céu") – para o tempo da Quaresma, isto é, de 2 de fevereiro à Quinta-feira Santa, excluída esta;

– *Regina Coeli* ("Rainha do céu") – tempo pascal;

– *Salve Regina* ("Salve, Rainha") – do domingo da Santíssima Trindade até o advento;

– *Alma Redemptoris Mater* ("Augusta Mãe do Redentor") – advento e Natal até 2 de fevereiro.[5]

Apesar das controvérsias a respeito, a autoria das duas últimas é atribuída ao monge beneditino Hermann de Reichenau (1013-1054), mais conhecido como "Hermann o aleijado", e merecem uma atenção

[4] A. M. Buono, *Le più grandi preghiere a Maria. Storia, uso, significato*, Paoline, Milano 2002, p. 40-41.

[5] A. M. Buono, *Le più grandi preghiere a Maria. Storia, uso, significato*, p. 61-62.

especial. A "*Salve, Regina*", por exemplo, se refere de modo claro a Maria como "Mãe da misericórdia" e o conteúdo teológico que possui conquistou o orbe católico. Isso explica, como se viu anteriormente, sua inclusão na liturgia, coisa que aconteceu ainda no século XIII, seguida de análoga incorporação ao *Breviário* de São Pio V (1504-1572), em 1568. Algo parecido se deu com a "*Alma Redemptoris Mater*", afirmando a maternidade divina, a virgindade perpétua e a misericórdia de Maria pelos pecadores.[6]

Em se tratando do Brasil, um grupo étnico, em particular, destacou-se como súplice da misericordiosa intercessão da Virgem Maria junto ao seu Filho: os afrodescendentes, negros ou mestiços que fossem. Nos nossos dias, eles, inclusive, constituem a maioria da nação, pois o censo de 2010 constatou que, enquanto 47,7% dos brasileiros se declaravam de cor branca, outros 7,6% se diziam de cor preta, ao que se seguiam 43,1% de pardos, 1,1% de amarelos e 0,4% de indígenas. Constata-se ainda uma maior concentração de negros e pardos, no Norte e no Nordeste, e de brancos, no Sudeste e Sul, o que não altera o quadro global étnico do país, onde 50,7% dos habitantes são matematicamente constituídos por pardos e negros. Assim, torna-se lícito concluir que o Brasil é uma nação parecida com a Nigéria, estado da África habitado majoritariamente por pessoas negras.[7]

Esse fato se presta a grandes debates acadêmicos, porque, se de uma parte a mistura das raças já mereceu leituras históricas elogiosas, tampouco faltaram e faltam interpretações opostas. No segundo caso estão os que evidenciam a diferença de nível social entre os extratos étnicos, além de denunciarem que a aludida mescla "não cria homogeneidade". Para quem endossa essa tese, a miscigenação, enseja invés "uma hierarquia de subcategorias pela qual quanto mais perto um indivíduo estiver da 'matriz branca', maiores são suas chances de inclusão social".[8]

---

[6] T. F. Ossanna, *A Ave Maria. História, conteúdo, controvérsias*, Edições Loyola, São Paulo 2002, p. 38.

[7] Cf. M. L. de Araújo, "A prática política-pedagógica de uma professora negra em uma escola municipal de Porto Alegre: um estudo de caso": em: *Revista brasileira de ciência do esporte*, vol. 29, n. 2, Autores Associados, Campinas, Janeiro 2008, p. 209.

[8] P. Rezende, *Antropologia cultural*, Desde Brasil AS, Curitiba 2009, p. 68.

A problemática é deveras intrincada, considerando-se que entre os brasileiros, muitas vezes, prevalecem sutilezas verbais que tendem a contornar eventuais altercações. Um exemplo bem conhecido disso está no uso de afirmações tipo "quando os africanos chegaram...", ainda que se saiba que os negros foram "trazidos" – encarcerados! – para o trabalho escravo. O mesmo se diga das manifestações religiosas, em geral, e da piedade mariana, mais especificamente. Não raro, também, elas carecem de uma "purificação da linguagem", pois a questão crucial permanece: a religiosidade de matriz "afro" possui nuances próprias e o seu completo resgate ainda não aconteceu, coisa que se constitui num desafio a mais.

1. Portugal – a "Terra de Santa Maria" e a opção escravista

Como notoriamente se sabe, além de ser o "descobridor" do Brasil, Portugal forneceu as bases sobre as quais se moldaria a nacionalidade deste. Entretanto, a história mesma da "madre pátria" exige um bom esforço de compreensão. Nesse sentido, deve-se salientar que, ainda antes de se emancipar como país soberano, Portugal encontrou em Maria uma referência cultural e religiosa. Assim, bem cedo se afirmaram as celebrações em sua honra no calendário litúrgico: uma festa anual a ela foi fixada pelo décimo concílio provincial de Toledo (656) no dia 18 de dezembro, e, posteriormente, seriam estabelecidas as da Assunção (século X) e a da Purificação (fixada no calendário de 1052). Por outro lado, já no século VI, começou-se a dedicar igrejas a "Santa Maria" ou a nomear mosteiros no norte do país com a sua invocação.[9]

Não demorou muito para que essa piedade ganhasse matizes de um patriotismo exaltado. O primeiro rei do país, enfim livre, Dom Afonso Henriques (1109-1185), colocou-o sob a proteção da Mãe de Deus pelo seguinte voto: "Ordeno que eu, meu Reino, minha gente, meus sucesso-

[9] F. C. P. Lima, *A Virgem e Portugal*, vol. I, p. 59, 63.

res, fiquemos debaixo da proteção, defesa e amparo da Bem-aventurada Virgem de Claraval".[10] Era aquele um período de lutas contra Castela e contra os mouros, e para tanto se invocava o auxílio de Nossa Senhora em favor da vasta obra nacional que se erguia em meio às contendas. Isso explica por que, à medida que iam sendo expulsos os muçulmanos, suas mesquitas eram transformadas em igrejas e capelas, que recebiam nomes sugestivos como "Nossa Senhora de Alcamé".[11]

Tão profunda era a devoção à Virgem, que, mais tarde, autores como Gonçalo de Serpa diriam que os fundamentos da nacionalidade portuguesa possuíam cinco pilares: Nossa Senhora de Alcobaça, que significa emancipação; Batalha, que é independência; Jerônimos, que representa engrandecimento imperialista; Vila Viçosa, que é libertação (da Espanha em 1640); e Fátima, ressurreição.[12]

Contudo, era no meio popular que o culto a Maria tinha o seu espaço por excelência. No começo isso aconteceu por meio da proliferação de ícones bizantinos (*Mater Christi*), e, depois, pela própria multiplicação do nome "Maria", transformado no apelativo mais comum das mulheres cristãs. Com o tempo, o costume se alargou e lugares, povoações e acidentes geográficos receberam denominações marianas das mais diversas invocações. Articulou-se por este mister o espírito mariano medieval coletivo que levaria os lusos a denominarem seu país de "Terra de Santa Maria".[13] Nessa "apropriação" da figura da Mãe de Deus, a componente nacionalista era patente, como bem o demonstram os cantos populares da Beira Baixa, no Vale do Lobo:

> Nossa Senhora da Póvoa
> Deitai os olhos no chão,
> Daí força aos portugueses,

[10] J. O Sanches, *Nossa Senhora de Portugal*, p. 34.
[11] J. O. Sanches, *o. c.*, p. 36.
[12] G. Serpa, *A Virgem da Lusitânia*, p. 71.
[13] J. Reis, *Inovações de Nossa Senhora em Portugal*, p. 11.

p'rá defender a nação.
Senhora do Almortão,
Minha tão linda arraiana,
Voltai costas a Castela,
Não queirais ser castelhana.[14]

Esse mesmo cristianismo mariano-messiânico seria conduzido para "ultramar", por um povo que numa singular mescla de fé e devoção patriótica cantava:

A Mãe de Deus é rainha
da pátria celestial.
É padroeira e madrinha
do formoso Portugal.[15]

As consequências de semelhante concepção sócio-religiosa foram sintetizadas com muita habilidade por Fernando de Castro Pires de Lima:

> Quando os portugueses começaram a expansão pelo mundo, levaram consigo a espiritualidade mariana. [...] ia o nome de Maria nos barcos da 'peregrinação' oceânica da descoberta [...] e seu nome ficava a batizar ilhas, cabos, enseadas, povoações e santuários. O Brasil foi incluído nesta cruzada e formou extensa constelação de invocações marianas.[16]

O problema foi que, bem cedo, o império em expansão se confrontou com a questão de utilizar ou não a mão escrava. Existem aqueles que argumentam que os portugueses, após a tomada de Ceuta, em 1415, não tinham como objetivo a escravidão, mas que as circunstâncias os incitaram a essa prática. O certo é que, desde 1433, segundo alguns

[14] F. C. P. Lima, *A Virgem e Portugal*, vol. I, p. 79.
[15] G. S. Serpa, *A Virgem da Lusitânia*, p. 73-74.
[16] F. C. P. Lima, *A Virgem e Portugal*, p. 80.

cronistas, ou desde 1441, segundo outros, Portugal começou a explorar a mão de obra de africanos subjugados. Pesou nessa decisão o fato de o país encontrar-se deficiente em forças e, capital e, por sua vez, o príncipe Dom Henrique de Avis (1394-1460), mais conhecido como Henrique "o navegador", seguia com interesse os lucros que os mercadores árabes desfrutavam do monopólio da prática escravista ao longo da costa ocidental africana. Quando dito príncipe retornou a Portugal, após a conquista de Ceuta, encorajou os seus capitães a se assenhorearem do promissor comércio. Assumida a opção, em 1441, Antão Gonçalves conduziu a Lisboa os primeiros doze escravos africanos e pouco mais tarde, já com a cumplicidade dos árabes da Costa da Mauritânia, a prática se intensificou. No ano de 1444 foi fundada a Companhia de Lagos para explorar o tráfico e, quatro anos depois, o "comércio" se tornou regular em Arguim, consistindo basicamente na troca de mercadorias por pessoas. Dali expressivo número de escravos partiria até o final do século XV.[17]

A escravidão foi se convertendo, afinal, numa condição *sine qua non* da economia lusitana e a entrada do Brasil nos limites coloniais faria esses números crescerem de forma exponencial. Segundo consta, já em 1538, Jorge Lopes Bixorda, um contratador do comércio de pau Brasil, teria levado para a Bahia os primeiros escravos africanos, numa nau de sua propriedade; e, em 1559, o rei Dom Sebastião legalizou de vez o tráfico, autorizando a captura de cativos na África.[18]

Tenha-se presente que a afirmação de que a escravidão negra tomou corpo no Brasil porque os índios "não se adaptaram ao trabalho regular" carece de fundamento. A razão é simples: o cativeiro de índios aconteceu simultâneo ao de negros durante longo tempo. Estudos existem apontando que, até o final dos anos de 1500, a mão de obra nos

[17] Centro Científico Internacional da UNESCO, *História Geral da África*, vol. IV, Djbril Tamsir Niane, Brasília 2010, p. 759-760.

[18] S. M. dos Reis, *Universo Umbandista*, 3ª ed., Clube dos Autores, Joinville 2010, p. 16.

engenhos de açúcar era mista, tendo a dos negros prevalecido apenas no século seguinte.[19] E tudo isso acontecia sem causar escândalo, pois, como diria Serafim da Silva Leite SI, "a escravidão não se tornou simplesmente tolerância legalizada (como o meretrício), era uma instituição que a jurisprudência sancionava, fato legal, teoricamente lícito".[20]

Para a consolidação de semelhante estado de coisas, outro fator influente foi o religioso. O difuso sentimento anti-islâmico aliado ao desejo de propagar a fé cristã e "salvar as almas" dos não cristãos levou até alguns Papas a aprovarem tal procedimento. É o caso de Nicolau V (1397-1455), com o breve *Dum Diversitas* ao rei de Portugal aos 16-06-1452 e de Leão X (1475-1521) em 1514; ambos autorizando a coroa portuguesa, e depois a espanhola, a conquistarem as terras dos infiéis e a escravizarem seus habitantes.[21] Quando, porém, começaram os abusos e atrocidades, os Papas protestaram. Pio II (1405-1464) em 07-10-1462 chegou a ameaçar com a excomunhão os portugueses que iam às costas da Guiné caçar escravos,[22] e Paulo III (1468-1549) lançaria em 09-06-1537 a bula *Sublimis Deus*, sustentando o direito à liberdade dos indígenas, proibindo sua escravização e defendendo o princípio de que deviam ser evangelizados. Também Bento XIV (1675-1758), num breve particular, dirigiria injunções semelhantes aos bispos brasileiros, enquanto que Gregório XVI (1765-1831), em 1839, pela bula *In Supremo*, confirmaria todas as disposições antiescravistas dos documentos precedentes.[23]

Malgrado os apelos papais, longe de arrefecer, a prática se consolidou. No caso particular do Brasil, depois de iniciada a colonização sistemática a partir de 1530, como não se encontraram metais preciosos no primeiro momento, os grandes latifúndios instalados passaram a explorar madeiras (tipo "pau brasil") e a

---

[19] E. C. de Mello, *Um imenso Portugal: história e historiografia*, Editora 34, São Paulo 2002, p. 128.
[20] S. Leite, *Novas páginas de história do Brasil*, p. 342.
[21] CNBB, *Ouvi o clamor deste povo*, p. 56.
[22] C. Ribeyrolles, *Brasil pitoresco*, vol. I, p. 196.
[23] Cf. C. Ribeyrolles, *Brasil pitoresco*, p. 197.

agricultura. O processo de produção necessitava de mão de obra abundante, que dificilmente poderia ser satisfeita por Portugal, país de recursos humanos reduzidos. Para complicar, os colonos já instalados encontravam dificuldade em se adaptar nos trópicos. A "solução" foi apelar para a escravidão, tanto de índios quanto de negros africanos. Daí, não obstante as repetidas proibições da coroa e as campanhas dos religiosos, notadamente dos jesuítas, a escravatura indígena, como anteriormente se viu, foi mantida em inúmeras regiões até a segunda metade do século XVIII, sobretudo em São Paulo, Maranhão e Goiás. E, nas vezes em que se procurou tornar efetiva a proibição, os colonos se rebelaram, depuseram governadores, expulsaram os jesuítas e queimaram em praça pública as cartas régias. O interesse na escravidão indígena tinha sua lógica, porque, como comprovaram os padres da Companhia de Jesus na experiência das missões, o índio não sofria da ingênita aversão ou inadaptação ao trabalho, que tanto se divulgou.[24]

Foi justamente para limitar a influência dos jesuítas – cujas aldeias fundadas e mantidas por eles na Amazônia chegavam a cinquenta e cinco –[25] que o Marquês de Pombal baixou o alvará de 06-06-1755, emancipando os nativos do Brasil e transferindo para a Coroa o governo das missões.[26] Movido por razões ideológicas, antes que humanitárias, a medida do Marquês não fez mais que abandonar os índios numa liberdade formal, e o que é mais grave, conservou intacta a outra e mais importante vertente do cativeiro: a escravidão negra.[27]

[24] D. Freitas, *Escravos e senhores de escravos*, p. 16-18.

[25] H. Pires, *A paisagem espiritual do Brasil no século XVIII*, p. 86.

[26] S. J. C. Mello et alii, *Coleção dos negócios de Roma no reinado de El-Rei Dom José I*, p. 20-21.

[27] "*Faz horror refletir sobre a rápida despovoação dos índios no Brasil*", declara Augusto Emílio Zaluar. Parafraseando Pe. Antônio Vieira, ele relata que só no Maranhão, das mais de 500 aldeias que existiam em 1615, poucas restariam 30 anos depois. Isso, segundo ele, decorria das guerras, cativeiros e doenças transmitidas pelos brancos, que teriam ceifado a vida de mais de dois milhões de silvícolas (cf. A. E. Zaluar, *Peregrinação pela Província de São Paulo*, p. 201).

2. O tráfico internacional no Brasil

No período colonial, o escravismo funcionava por meio do assim chamado "tráfico triangular", em que navios partidos de portos europeus (Liverpool, Bristol, Nantes e Lisboa), com armas, roupas, bebidas e artigos mais, iam até a África ocidental, onde barganhavam ditos produtos com carregamentos de cativos. Terminada a "negociação", a mercadoria humana era despachada para a América e ali vendida a dinheiro ou trocada por produtos coloniais, como açúcar, cacau e algodão, após o que as embarcações retornavam para o continente europeu, completando a triangulação.[28]

Essa "transação comercial" era tão sedutora que dela participou boa parte das grandes potências europeias da época, com destaque para Portugal, que transportou e negociou 4,65 milhões de cativos; Inglaterra, 2,6 milhões; Espanha, 1,6 milhão; França, 1,25 milhão; e Holanda 500 mil.[29] Pela mesma razão, o tráfico negreiro contou ainda com adesões deveras inusitadas, como a dos *sefardins*, judeus espanhóis que a ele se associaram, no que seriam depois imitados por dois supostos paladinos da liberdade no ocidente, os filósofos Voltaire e John Locke. Voltaire, além de sócio de uma companhia de escravidão, inclusive escreveu ao armador do navio Congo afirmando: "Fico contente de realizar um bom negócio".[30]

Sintomaticamente, algum tempo depois, a revolução francesa, que se julgava herdeira do pensamento iluminista, para além dos decantados ideais de *liberté, égalité e fraternité* de 1789, em nada alteraria tal situação. Tanto é verdade que, nas *balances du comerce* de 1789, 1790 e 1791, com espantosa naturalidade, negros eram citados como "gêneros" e "mercadorias comerciais da colônia".[31]

---

[28] R. Gibellini, *A teologia do século XX*, Edições Loyola, São Paulo 1998, p. 384.

[29] J. Serra, "O holocausto negro", em: *Folha de São Paulo*, 14-3-1998, caderno 4, p. 5.

[30] Cf. P. M. Bardi, *Arte no Brasil*, p. 10; L. F. Alencastro, "Nós em Angola, Angola em nós", em: revista *Veja*, n. 48, p. 166.

[31] Cf. E. Moraes, *A escravidão africana no Brasil*, p. 14.

Em suma, a mentalidade então corrente na Europa autorizava e legitimava as atividades do comércio humano, e não encontrou nenhum impedimento significativo nem na política nem nos governos ou mesmo nas confissões religiosas. E, exceção feita a alguns protestos de Roma, palavras ao vento, o mundo cristão pôde fazer tranquilamente o seu "negócio".[32]

Nessa "empresa" o Brasil se transformou num grande "investimento", mantendo a primazia inconteste na importação de escravos. Calcula-se que mais de 3.500.000 africanos, correspondentes a cerca de 37,6%, de todos os negros trazidos para a América, desembarcaram em terras brasileiras. Mercadejo ávido que durou mais de trezentos anos, como segue:

1. Ciclo da Guiné: Segunda metade do século XVI. Abrangeu a área africana mais próxima do nordeste do Brasil, que, hoje, compreende a Nigéria, Togo, Gana, Daomé, Libéria, Costa do Marfim e as ilhas de Cabo Verde, Santo Tomé e Príncipe.

2. Ciclo de Angola-Congo: por todo o século XVII. Atingiu os atuais países de Camarões, República do Congo (ex-Zaire), Gabão e a República da África Central.

3. Ciclo da Costa da Mina: até o início da segunda metade do século XVIII. Compreendeu os países mencionados no primeiro ciclo, particularmente Daomé e Nigéria.

4. Ciclo do Benin: até metade do século XIX (1770 – 1850). Sem interromper "negóciações" com Angola, Benguela e Cabinda, os comerciantes estabeleceram um movimentado tráfico na Baía de Benin, incluindo Daomé e Nigéria. Em função desse contato, vários régulos africanos passaram a manter relações amistosas com os brasileiros, e alguns chegaram a enviar, como se verá adiante, embaixadas tentando o monopólio dos "negócios". O período abrangeu também a fase do tráfico clandestino (1815 em diante).[33]

---

[32] C. Ribeyrolles, *Brasil pitoresco*, p. 88.

[33] R. Cintra, *Candomblé e Umbanda, o desafio brasileiro*, p. 28-31.

Os traficantes que compravam os negros capturados separavam os homens das mulheres e crianças, ajuntando-os em grupos que iam de 200 a 400 pessoas. Embarcava-se rapidamente depois, sendo que, enquanto predominou a "importação" de sudaneses, os lugares privilegiados para tanto eram as praias aos fundos da enseada de Benin, nas cidades de Lagos na Nigéria e de São João de Ajudá (Uidah em francês ou Whydah em inglês), em Daomé. A viagem sucessiva transcorria em condições tão degradantes que numerosos cativos morriam, não sendo outro o motivo que levou as embarcações do tráfico a ficarem conhecidas como "os tumbeiros". Concluída enfim a travessia, os navios negreiros ancoravam em portos dotados de mercados de vidas humanas em suas adjacências, tais como os de "Pedra do Sal" e da Rua do Valongo no Rio de Janeiro; os de "Água dos Meninos", de "Mandragoa" e "Unhão" na Bahia, e os largos fronteiriços do Recife. Esses lugares também funcionavam como "pontos de engorda" em que os desembarcados ganhavam peso até que alguém os adquirisse. O valor de cada "peça" se alternava de acordo com a produção do momento. O francês de Nantes, Louis-François Tollenare (1780-1853), que esteve em Pernambuco no primeiro quartel do século XIX, documentou em suas *Notas dominicais* o que então acontecia no Recife:

> Veem-se ali 400 a 500 [escravos] juntos, acocorados sobre tábuas; empestam o ar todo, tanto quanto repugnam a vista pelas pústulas e outras moléstias de pele de que em grande número está afetado; estão sortidos nestes mercados por lotes de homens, mulheres, moleques e molecas.
>
> Todas as manhãs os conduzem ao mar para se banharem. [...] Alguns negros de sua nação, já habituados ao Brasil, vê, conversar com eles; os senhores aprovam este intercurso, que dá confiança aos recém-chegados. [...] Quando se apresenta um comprador fazem erguer os que indica; ele os apalpa, toma-lhes o pulso, examina-lhes a língua, os olhos, assegura-se da força dos seus músculos, fá-los tossir, saltar, sacudir violentamente os braços.[34]

[34] L. F. Tollenare, *Notas dominicais*, Livraria Progresso Editora, Salvador 1956, p. 141-142.

O "negócio" normalmente tinha ciganos como intermediários,[35] e os compradores eram proprietários de engenho, fazendas e minas ou habitantes das cidades para as mais diversas atividades econômicas e domésticas. Saíam-se melhor nessa operação os escravizados que eram destinados para os serviços caseiros, pois nas fazendas do interior o labor eram bem mais exaustivo.[36]

3. A participação africana no tráfico e a legitimação da escravidão

Existia escravidão entre negros na África? Sim, existia escravidão entre negros na África. Porém, a redundância deve ser seguida de um importante acréscimo: o cativeiro africano jamais possuiu o caráter "empresarial", produtor de tantas vítimas, como aquele instituído pelos europeus a partir da idade moderna. Entretanto, ao entrarem em contato com os brancos, certos régulos ou chefes de tribo, movidos pela ambição, acabaram se tornando cúmplices deles. Como consequência, em muitas ocasiões, os negros que não eram capturados pelos próprios brancos passaram a ser obtidos de outros negros em regiões de ativo comércio escravista, como o golfo de Benin e a "Costa dos Escravos", anteriormente citados. Os africanos envolvidos, porém, não se encontravam num estágio de transformação social semelhante ao da Europa pré-capitalista e, usando os rendimentos auferidos apenas para entesouramentos pessoais[37], não criaram as bases de uma economia sólida. Isso também explica os baixos preços dos contingentes que vendiam, o que aumentou ainda mais o interesse europeu pelo tráfico. Na relação específica com o Brasil, quando a "corrida do ouro" começou a perder fôlego, na segunda metade do século XVIII, os régulos de Daomé (ou

[35] Cf. J. B. Debret, *Viagem pitoresca e histórica ao Brasil*, vol. I, p. 258-262; J. M. Rugendas, *Viagem pitoresca através do Brasil*, p. 175.
[36] Cf. C. Seidler, *Dez anos no Brasil*, p. 252.
[37] Cf. H. T. Lopes, *Negro e cultura no Brasil*, p. 16.

Dagomé, como se dizia antigamente, tornado o atual Benin), Tegbessú, Agonglo e Adanzonan tentaram reorganizar o "negócio", com troca de representantes diplomáticos e protocolos junto ao rei de Portugal. Eles, inclusive, enviaram embaixadas à Bahia em 1750, 1795 e 1805, para conseguirem a exclusividade do monopólio de escravos no porto de Ajudá. Da mesma forma, também a Bahia enviou embaixadores em Daomé, tais como Domingos Martins e Francisco Félix de Souza. Os citados régulos acompanhavam com interesse os desdobramentos da política luso-brasileira, e quando Dom Pedro I proferiu "o grito do Ipiranga" em 1822, o *obá* Osemwede, do Benin, e Ologum Ajan, de Lagos, foram os primeiros a reconhecer a emancipação do Brasil.[38]

O aspecto mais embaraçoso dessa aludida "camaradagem" foi que ela se tornaria um elemento a mais nas tentativas de justificação do cativeiro. Quanto a isso, basta ver o que disse o viajante alemão Carl Friedrich Gustav Seidler, que esteve no Brasil durante o Primeiro Império:

> A maior parte dos negros introduzidos da África no Brasil, já em sua pátria, era escravizada. Tais homens podem, pois, considerar-se felizes quando aparece um comprador para eles, que os livre dos bárbaros tratos dos seus irmãos negros, pois está provado que o negro livre, tanto na África como no Brasil, trata o seu semelhante muito mais cruelmente do que é capaz de fazê-lo qualquer branco.[39]

Semelhantes falácias se apoiaram até em justificativas religiosas. Ou seja, os senhores argumentavam que não faziam mais que comprar ("resgatar"!) aqueles que já eram escravos, e com o privilégio de lhes dar o batismo e a fé cristã. Endossando essa ideologia, o pastor metodista estadunidense Daniel Kidder (1815-1891), que em duas oportunidades tentou em vão de fazer prosélitos no Brasil, diria: "Que meritória

[38] T. J. Martins, *Quilombo de Campo Grande*, Santa Clara, Contagem 2008, p. 242-243; L. Narloch, *Guia politicamente incorreto da história do Brasil*, 2ª ed., Leya, São Paulo 2011, p. 102.
[39] Carl Seidler, *Dez anos no Brasil*, p. 250.

empresa, portanto, a de enviar navios para libertar esses pobres cativos pagãos e trazê-los para onde pudessem se tornar cristãos pelo batismo e auxiliar, em seus trabalhos, os próprios libertadores!"[40] Estava pronto o aparato ideológico que sustentaria o escravismo até o final da sua existência.

4. O negro na sociedade escravista estabelecida

Os lugares de procedência dos escravos africanos traficados para o Brasil até hoje suscitam discussão, porque as genéricas denominações que se lhes davam, como "Mina", "Angola", "Nagô" e "Guiné", não estavam relacionadas com seus locais de origem, mas à região ou, muitas vezes, ao porto, no qual haviam sido levados a bordo.[41] Também os hábitos dos escravistas se tornam outra dificuldade, se se tem presente que a única distinção que os compradores faziam era relativa ao vigor ou à saúde física dos escravos, tendo em vista sua melhor utilização braçal. Por isso, chamavam-nos sem distinção de "peças da África", "negro da Costa" ou, simplesmente, "preto" ou "negro". Como se não bastasse, a destruição dos registros oficiais sobre a escravidão ordenada aos 14-12-1890, pelo então ministro da fazenda Rui Barbosa e que recebeu aprovação do Congresso Nacional, abriu outra lacuna, pois a decisão foi executada no Rio de Janeiro, aos 13 de maio do ano seguinte, consoante a circular n. 29, privando a posteridade de valiosíssima documentação.[42]

---

[40] D. P. Kidder, *Reminiscências de viagens e permanência nas províncias do norte do Brasil*, p. 40-41.

[41] V. J. Berkenbrock, *A experiência dos orixás*, p. 78.

[42] Ignora-se a razão dessa destruição. As declarações oficiais apontam para a intenção de destruir as marcas de um tráfico infame que o Brasil fora um dos últimos países do mundo a eliminar. Outros argumentam que tal medida foi uma forma encontrada pelo Governo Federal de não pagar a iminente cobrança de indenização dos ex-escravocratas pela perda de capitais resultante da abolição. Seja como for, essa lamentável perda não chegou a destruir todas as fontes históricas, porque muitos documentos do gênero se encontravam em outros lugares, sobretudo nas antigas províncias, tornando possível uma posterior reconstituição (n.d.r.).

Seja como for, nenhuma das culturas africanas se conservou sem alterações no Brasil, a causa da desagregação imposta pelo cativeiro, que pela força fazia prevalecer os interesses dos proprietários. Nesse sistema, os escravizados que não sabiam se expressar em português eram chamados de "boçais", e os que dominavam a língua dos senhores ou podiam exercer um ofício, de "ladinos". Os preferidos e mais caros, porém, eram os "criolos", filhos dos "ladinos", que estavam bem aclimatados, conheciam melhor a língua portuguesa e possuíam menos recordações da África. Eram difíceis de obter.[43] Segundo o viajante Charles Ribeyrolles (1812-1860), que conheceu de perto tal realidade, o conjunto desses seres humanos aviltados se tornou a coluna mestra da economia brasileira:

> Nas chácaras, nas fazendas, nas moradas burguesas, ruas e praças da cidade, o africano é em todas as coisas, em todas as especialidades de trabalho, o instrumento, a mão, a roda e a ferramenta, intervindo em tudo, na produção, nos transportes e nas mudanças. [...] serviu-se deles durante séculos uma sociedade cujas leis só os reconheciam (os escravos) como instrumento e mercadoria.[44]

De outra feita, o hábito de se utilizar o trabalho escravo para quase tudo, levou inclusive muitos brancos a desdenharem dos trabalhos manuais sem hesitação: "para trabalhar temos os negros". Diziam.[45] Mesmo assim, ao menos em dois aspectos os cativos se tornaram parte integrante da vida dos seus proprietários: na religiosidade doméstica e no convívio sexual. No tocante ao primeiro aspecto, pode-se dizer que até o século XIX, aqueles senhores, mesmo quando déspotas e lascivos, não descuidavam das rezas de cada dia. Junto de seus cativos e familiares, eles rezavam a coroa de Cristo e litanias e, no leito de morte, era igualmente comum que alforriassem negros e mestiços. Também

[43] L. F. Tollenare, *Notas dominicais*, p. 147.
[44] C. Ribeyrolles, *Brasil pitoresco*, vol. II, p. 89-90.
[45] T. Ewbank, *Vida no Brasil*, p. 145.

em público as demonstrações de fé eram frequentes, e, pelas ruas do Recife, quando se cantava ladainhas ao anoitecer, era comum presenciar brancos, negros e pardos unidos rezando ao mesmo Deus e à mesma Nossa Senhora.[46]

A crença numa escravidão "branda", contudo, peca de ingenuidade ou má-fé. É verdade que nem todos os patrões eram cruéis, mas os castigos perversos tampouco eram raros. Pior: essas práticas abusivas, associadas a extenuantes jornadas de trabalho, que, nas fazendas, podiam durar até 16 horas, leva alguns estudiosos a afirmar que a "vida útil" de um escravo oscilava de 10 a 15 anos, sendo o tráfico uma necessidade constante, dado que a natalidade não superava o alto número de falecimentos.[47]

Por outro lado, livres para utilizar pessoas como coisas, não faltaram homens brancos que expusessem as negras que escravizavam a toda forma de ultraje. Duas consequências derivaram daí: a sífilis se alastrou pelo país, assim como a presença de mestiços. Em 1845, o francês, Conde de Suzannet, denunciaria: "muitas vezes acontece que um senhor, tendo abusado de uma jovem cativa, vende-a quando engravida; outros ainda mais desavergonhados conservam os próprios filhos como escravos".[48]

Aconteceram igualmente relações consentidas, mas, na maioria desses casos, era a negra sozinha quem fazia crescer o filho dali resultante, que, muitas vezes, não era reconhecido pelo pai, mesmo quando forro. Assis Cintra, na obra *As amantes do Imperador*, contou divertido que, por determinado período, até Dom Pedro I manteve relações com a negra Andreza dos Santos, que não passava de uma simples quituteira.[49]

Outra categoria de negros que marcou presença no Brasil colonial e imperial foi aquela dos libertos. A população negra livre começou a ganhar visibilidade ainda no século XVI, crescendo nos séculos seguintes,

[46] G. Freyre, *Casa grande e senzala*, p. 52, 436-437.

[47] Cf. Paola Prandini, *Cruz e Souza*, Selo Negro edições, São Paulo 2011, p. 96.

[48] C. Suzannet, *O Brasil em 1845*, p. 47.

[49] F. A. Cintra, *As amantes do Imperador*, Civilização Brasileira, Rio de Janeiro 1933, p. 19-26.

até se tornar majoritária na segunda metade do século XIX[50]. Nisso, a "alforria" – termo oriundo da expressão árabe *al horria*, ou seja, libertação do cativo –, foi fundamental. Ela era concedida aos escravos em diversas ocasiões, como batismos, certas festas familiares, testamentos (nos quais muitas concubinas negras eram beneficiadas) e durante visitas episcopais. Também podia acontecer graças à benevolência pessoal de algum padrinho ou madrinha, ou mesmo como recompensa pela lealdade de um serviço prestado.[51]

A quantidade de artifícios que conduziam à libertação era realmente grande e suas formas variavam das pitorescas às perversas. Nas libertações inusitadas se encaixa o costume existente nas minas de alforriar o escravo que encontrasse um diamante do peso de "uma oitava" (17 ½ quilates ou 3,6 gramas); mas isso também ocorria por meio de práticas cruéis, como a de "libertar" velhos e aleijados quando estes estavam impossibilitados de produzir, atirando-os à mendicância.[52] Pesava também o fator econômico, pois, muitos senhores, coagidos pela necessidade, acabavam alforriando seus escravos por valores abaixo do preço de mercado. Contudo, o destaque fica a cargo dos próprios negros, que economizando como podiam, juntavam o suficiente para comprar a própria liberdade.[53]

Uma vez livre, o ex-cativo tornava visível a nova condição, andando calçado[54] e buscando o seu sustento na sociedade, assumindo os mais diversos ofícios. Nas fazendas, era comum que ele continuasse exercendo o trabalho de antes, mas com um pouco mais de liberdade de ação e em

---

[50] M. C. Cunha, *Negros estrangeiros, os escravos libertos e sua volta para a África*, p. 18-19.

[51] J. E. Pohl, *Viagem ao interior do Brasil*, p. 44; J. B. Debret, *Viagem pitoresca e histórica ao Brasil*, vol. I, p. 294.

[52] A. Saint-Hilaire, *Viagem pelo distrito dos diamantes e litoral do Brasil*, p. 17, 114.

[53] "Pergunta-se como o escravo, não possuindo para isto nada de seu, pode acontecer que o deixem de posse de uma soma suficiente para indenizar seu senhor." A pergunta feita por Ferdinand Denis é respondida por ele próprio. O argumento é o seguinte: cada moeda penosamente conseguida por um escravo, era zelosamente guardada e confiada a um outro negro livre ou ao indivíduo que lhe serviu de padrinho. O empenho dos negros era tão extremado que Denis presenciou admirado o resultado meritório de tanto esforço: "O número de negros que assim recobram a liberdade aumenta todos os dias no Rio de Janeiro e nas outras cidades" (F. Denis, *Brasil*, p. 152).

[54] C. Seidler, *Dez anos no Brasil*, p. 254.

condições mais humanas. Nas cidades, ocupava funções humildes, como artesão, vendedor ambulante e barbeiro, ou outras mais conceituadas, como operário e militar. Quanto às negras livres, tornavam-se exímias costureiras ou entravam no ramo dos pequenos negócios, vendendo angu, legumes, frutas e doces nas praças. Uma ex-escrava geralmente se casava com outro negro alforriado ou se tornava amante de um trabalhador branco.[55]

No que diz respeito ao convívio diário, a julgar por algumas fontes históricas disponíveis, tais pessoas, em meados do século XIX, ainda que concedessem certa precedência aos brancos em suas relações sociais,[56] possuíam uma razoável aceitação. Os viajantes anglo-saxões, habituados à rígida separação que imperava em seus respectivos países, inclusive se admiravam com o que presenciavam no Brasil. Thomas Ewbank (1792-1870), um inglês radicado nos Estados Unidos, na viagem que fez ao Império brasileiro entre 1845 e 1846, anotaria: "Um negro livre em trajes decentes – resumidos na expressão: usando sapatos e colarinhos – pode sentar-se nos logradouros ou transportes públicos com tanta liberdade quanto as pessoas claras". Na mesma linha de raciocínio, situa-se o testemunho de Elizabeth Cary Agassiz (1822-1907) emitido em Manaus, AM, por volta de 1866: "Uma mulher preta livre é tratada com a mesma consideração e obtém a mesma atenção de uma branca".[57]

O lado negativo dessa convivência, relativamente tranquila, é que, justamente por estarem integrados numa sociedade escravista, alguns negros livres ou se tornavam indiferentes à situação dos escravizados, ou, na medida de suas posses, também a reproduziam. No primeiro caso, como observa a antropóloga Manuela Carneiro Cunha, enquadra-se o relatório enviado em 1840 pela *Anti-Slavery Society* de Londres, no qual os ingleses registraram, com visível desapontamento, que não podiam

[55] Cf. J. B. Debret, *Viagem pitoresca e histórica ao Brasil*, vol. I, p. 212, 294, 309; J. M. Rugendas, *Viagem pitoresca através do Brasil*, p. 192; A. D'Orbigny, *Viagem pitoresca através do Brasil*, p. 106

[56] F. DENIS, *Brasil*, p. 154.

[57] L. Agassiz e E. C. Agassiz, *Viagem ao Brasil*, p. 349.

contar com os negros livres para engrossar as fileiras antiescravistas. A mesma autora esclarece que só após 1870 vieram a surgir os primeiros líderes negros livres, com José do Patrocínio e André Rebouças.[58]

O mais constrangedor era a atitude assumida por certas vendedoras negras, que mereceram no documentário *Brasil Pitoresco* de Charles Ribeyrolles uma opinião severa: "Não acrediteis que esta pequena aristocracia do comércio negro socorra os 'pés descalços', seus irmãos da África. Ela é avara e implacável. Só ama e compreende o dinheiro, e os próprios portugueses a respeitam em negócios".[59] São opiniões parciais, mas não faltam outros testemunhos afirmando que velhas negras libertas se mantinham com o trabalho de escravas jovens,[60] e que ricas senhoras negras, a exemplo das sinhás brancas, desfilavam vestidas de seda e cobertas de joias – mas escoltadas por escravos de libré.[61]

Livres ou escravos que fossem, negros e pardos se tornaram, com o tempo, a maioria da população, o que só começaria a mudar no final do século XIX, devido à maciça imigração europeia. Eles se tornaram a força motriz da economia e da cultura brasileira, merecendo de João Pandiá Calógeras (1870-1934) o seguinte comentário: "não exagera quem disser que, sob a *direção* (o grifo é nosso) do branco, eles realizaram todo o trabalho material e os esforços para criar e constituir o Brasil".[62]

5. O Catolicismo no contexto da escravatura

A fé católica no Brasil das origens, ainda eivada de tradições medievais, era basicamente aquela transplantada pelas populações humildes da metrópole. Isso não mudou no decorrer do século XVI,

[58] M. L. C. Cunha, *Negros estrangeiros*, p. 24.
[59] C. Ribeyrolles, *Brasil pitoresco*, vol. I, p. 203.
[60] Cf. R. Walsh, *Notícias do Brasil*, p. 28.
[61] T. Ewbank, *Vida no Brasil*, p. 223.
[62] J. P. Calógeras, *Formação histórica do Brasil*, p. 47.

ainda que, "institucionalmente", Portugal tenha sido a primeira nação a acolher integralmente o Concílio de Trento. A medida recebeu sanção oficial no reinado de Dom Sebastião por meio de um alvará régio baixado em 12 de setembro de 1564;[63] mas as ingerências indevidas da Coroa na vida eclesial não cessaram. Isso acontecia graças ao regime do padroado, que, ao conferir ao monarca português o papel de chefe efetivo da Igreja, – com certas exceções, como a celebração dos sacramentos e definições doutrinárias – e ao Papa a prerrogativa de confirmar as decisões que tomava, ajudou a consolidar tal situação anômala. Um dos efeitos disso foi sentido pela vida religiosa luso-brasileira, que passou a depender da Mesa de Consciência e Ordens criada em 1532, e não da Santa Sé. A independência em 1822, longe de alterar dito sistema, não fez mais que legitimá-lo, segundo a versão corrente do regalismo "pombalista".

Isso aconteceu porque, alguns anos após a coroação, Dom Pedro I pediu ao papa Leão XII (1760-1829) ser investido com as mesmas concessões de que estavam de posse os soberanos portugueses. Depois de longas tratativas, Leão XII acedeu, por meio da bula *Praeclara Portugalliae* de 15-5-1827. Mas, após submeter o documento à análise de duas comissões, o Império optou por rejeitá-lo de forma acintosa. O argumento usado, e que seria repetido até a exaustão nas décadas sucessivas, era aquele de que o Papa não possuía poderes para conceder o padroado, pelo simples motivo de que tal regime era um "direito" imperial próprio! E mais: esse "direito" era "essencialmente inerente à soberania conferida pela unânime aclamação dos povos do Império e lei fundamental". Sendo assim, a bula era "ociosa", porque tinha por fim confirmar o direito de apresentação de bispos e benefícios, que, aliás, o Imperador tinha "por títulos mais nobres".[64]

Portanto, canonicamente falando, o padroado no Brasil jamais existiu. Mesmo assim, com base nos dispositivos emanados pela Constituição de 1824, o Estado se considerava na posse dele, intrometendo-se nos mais

[63] A. Romeiro – A. V. Botelho, *Dicionário histórico das Minas Gerais*, 3ª ed., Autêntica Editora, Belo Horizonte 2013, p. 219.
[64] J. Dornas Filho, *O Padroado e a Igreja brasileira*, p. 46-48.

diversos assuntos eclesiais com espantosa sem-cerimônia. O resultado foi que a Igreja no Brasil sofreu algumas alterações notáveis: as relações com o Papa ficaram reduzidas ao mínimo, a formação dos padres, além de boa parte das vezes ser improvisada, se achou infiltrada de ideias galicanistas, liberais, maçônicas e jansenistas, enquanto que as prevaricações no tocante à continência se tornaram sempre mais frequentes. Isso não foi tudo: as ordens religiosas ficaram impedidas de se comunicar com seus superiores europeus, sofrendo depois, em 1855, a "supressão branca", imposta pela *circular* de José Tomás Nabuco Araújo Filho (1813-1878), pai de Joaquim Nabuco, que as proibiu de admitir novos noviços. Além do mais, os santuários passaram a ser administrados por autoridades seculares, o que, junto a outras medidas cerceadoras, encerraram o Catolicismo no Brasil, naquilo que depois Pe. Júlio Maria, chamaria de "cárcere de ouro". De fato, os exemplos que eles citavam para fundamentar essa crítica falam por si:

> Ministros ordenavam aos bispos o cumprimento dos cânones do Concílio de Trento no provimento das paróquias; proibiam-lhes a saída das dioceses sem licença do Governo, sob pena de ser declarada a Sé vacante e proceder o Governo à nomeação do sucessor; sujeitavam à aprovação do Governo os compêndios de teologia que se devia estudar nos seminários; revogavam as disposições dos estatutos de certos cabidos; declaravam que, dado o caso de Sé vacante, a jurisdição episcopal passasse toda ao vigário capitular; concediam, por graça imperial, ao cabido metropolitano o direito de nomear um, depois de expirado o prazo do Concílio; isentavam os capelães militares da visita dos prelados, dando-lhes o direito de usar solidéu e anel; proibiam que as ordens religiosas recebessem noviços; autorizavam os superiores regulares a licenciarem os religiosos para residirem por seis meses fora dos seus conventos; aprovavam as resoluções capitulares dos frades franciscanos; concediam o uso de cinto e borla encarnados aos cônegos do Pará, ficando mudada a cor de que usavam; declaravam que os párocos não tinham o direito de exigir as velas das banquetas; e fixavam o competente para a nomeação do porteiro na missa das catedrais.[65]

[65] J. C. M. Carneiro, *O Catolicismo no Brasil (Memória histórica)*, p.139, 145-147.

O vazio de autoridade deixado por um clero tão debilitado, boa parte dele, aliás, já absorvido pelo mundo da "casa-grande" desde o século XVIII, acabou sendo preenchido por irmandades leigas e devocionismo. Foi também nesse Catolicismo popular que os "filhos da África" deram vazão à sua sensibilidade, permitindo que se dissesse depois que "nas ruas, o que mais encanta é a religião dos negros..." [66]

E não só: numerosos negros e pardos se congregavam em irmandades e, como elas normalmente se dedicavam à manutenção do culto,[67] sob sua influência, promovia-se enorme quantidade de festas e procissões. Do ponto de vista individual, cada homem que passava, habitualmente, trazia pendurado ao pescoço ou sobre a barriga, bem a mostra, escapulários, "bentinhos", cruzes e imagens de santos.[68] Gilberto Freyre preferiu chamar essa religiosidade de "doce Catolicismo lírico"; mas europeus que na época a conheceram de perto eram de outro parecer. Tollenare, por exemplo, fez a seguinte observação:

> Entre os portugueses, o culto religioso não tem nenhuma aparência severa; os ofícios são executados com acompanhamento de música um pouco mundana; as decorações, as flores, as guirlandas, as procissões dão às cerimônias um aspecto de festa ao qual o povo corre como ao espetáculo; soltam-se foguetes nos atos importantes da missa; vi no momento do *Gloria in excelsis* executar uma música de caráter angélico, e lançar, da nave, flores sobre os fiéis reunidos.[69]

Auguste de Saint-Hilaire (1779-1853), outro francês que residiu no Brasil de 1816 a 1822, também declararia sem rodeios: "na Igreja brasileira não há o que possa causar espanto: está fora de todas as regras".[70] Contudo, em meados do século XIX, este quadro começaria a se alterar.

---

[66] R. T. Lima, *Vida e época de José Maurício*, Livraria Elo, São Paulo 1941, p. 25.
[67] J. B. Debret, *Viagem pitoresca e histórica ao Brasil*, vol. II, p. 152.
[68] R. T. Lima, *Vida e época de José Maurício*, p. 39.
[69] L. F. Tollenare, *Notas dominicais*, p. 134.
[70] A. Saint-Hilaire, *Segunda viagem do Rio de Janeiro a Minas Gerais e a São Paulo (1822)*, p. 80; Idem, *Viagem à Província de Goiás*, p. 39.

a. A acomodação ao sistema escravista

Já se disse que a Igreja no Brasil não tinha o poder de mudar as estruturas do seu tempo,[71] o que, de fato, deve ser considerado, sobretudo porque, entre outras coisas, o clero não possuía o direito de intervir na alforria.[72] Além disso, em virtude do padroado, analisado em precedência, a instituição eclesiástica ficara naturalmente impedida de se insurgir contra as leis do Estado (ao qual se encontrava formalmente unida ou submetida) fazendo críticas públicas à escravidão, legalmente consentida.[73]

Mesmo assim, resta o fato de que boa parte dos membros das ordens religiosas e do clero secular se "adequou" às circunstâncias, chegando mesmo a se servir da mão de obra dos escravizados negros, a exemplo dos jesuítas que possuíram cerca de 1.200 deles na fazenda Santa Cruz, no Rio de Janeiro. A ressalva "positiva" (se fosse lícito dizer assim) é que, conforme descreve João Maurício Rugendas (1802-1858), eram "as fazendas dos padres e dos conventos os lugares em que se tratava melhor os escravos".[74] Entretanto, uma crítica recorrente sustenta que clérigos e religiosos, em vez de evangelizarem os escravizados, optaram por doutriná-los na obediência absoluta, persuadindo-os a se resignarem.[75]

Deve-se reconhecer, no entanto, que a Igreja deveras abrandou a escravidão. Afinal, foi graças a seus esforços que se impôs o repouso dominical obrigatório; além do que, ela conseguiu igualmente tornar feriados legais 33 (trinta e três) dias santos. Para os cativos isso resultou providencial, pois, naqueles dias eles trabalhavam para si mesmos e ajuntavam dinheiro, o qual era depois usado para a própria alforria.

[71] A. Rubert, *A Igreja no Brasil*, vol. I, p. 291,303.

[72] M. L. C. Cunha, *Negros estrangeiros*, p. 45.

[73] J. C. O. Torres, *História das ideias religiosas no Brasil*, p. 86.

[74] J. M. Rugendas, *Viagem pitoresca através do Brasil*, p. 183.

[75] Nem todos estão de acordo com esta interpretação. Jaime Balmes, por exemplo, contra-argumenta: "*a Igreja NUNCA aprovou o comércio de seres humanos e sob este ponto de vista não tem que se penitenciar de NADA. A Igreja combateu por todos os meios o sistema escravocrata e, não podendo liquidá-lo logo – como, aliás, não o conseguiram os próprios apóstolos no seu tempo, recomendando inclusive São Paulo obediência aos senhores – ela fez tudo para dulcificar a anômala situação dos cativos*" (cf. J. Balmes, *A Igreja Católica em face da escravidão*, p. 107).

Igualmente auspiciosa foi a iniciativa de organizar irmandades leigas para negros, pois elas, além de promoverem reuniões piedosas, agiam conjuntamente como instrumentos de ação social para seus filiados.[76]

A admissão de negros e pardos às fileiras clericais foi mais uma iniciativa relevante. Não se sabe exatamente quando isso começou, mas o número deles gradualmente cresceu,[77] até se tornarem uma presença vistosa no século XIX, apesar de uma disposição em contrário contida nas *Constituições Primeiras do Arcebispado da Bahia*, em 1707.[78]

Para tanto também influiu a penúria econômica da hierarquia eclesiástica, cujas irrisórias côngruas desestimulavam os filhos das "boas famílias" a seguirem seu exemplo. O resultado foi que, apesar de todos os bispos serem brancos, nos altares os padres negros dividiam funções em pé de igualdade com os demais, assumindo paróquias, cantando com distinção nos coros mais solenes e exercendo, enfim, todas as atribuições próprias do ministério presbiteral.[79] Na Capital Federal existiram até igrejas como as de Nossa Senhora do Rosário, Nossa Senhora da Lampadosa e São Domingos, que se tornaram referência obrigatória dos padres negros.[80] Em meados do Segundo Império, o número deles já chamava a atenção, e o próprio Conde D'Eu (1842-1922), ao chegar ao Recife, em 1864, não deixou de anotar que foi saudado por um simpático padre de traços marcadamente africanos na igreja Santo

---

[76] A. Rubert, *A Igreja no Brasil*, p. 292-293.

[77] Ainda falta um estudo detalhado sobre o assunto, e, muitas vezes, se dá excessiva relevância a uma informação dada por Louis François Tollenare. Esse viajante francês registrou, no começo do século XIX, que encontrara uma pequena presença de padres negros no Pernambuco, ressaltando, porém, que eram angolanos. Tollenare tinha ciência da legislação eclesiástica vigente que excluía os negros do sacerdócio; mas constatou que estas acabavam sendo facilmente burladas por quem tivesse um pouco de dinheiro e se fizesse passar por pardo escuro. Poucas décadas depois, outros viajantes citariam a presença numerosa de negros, e sem fazer alusão a restrições legais, sinal de que o afrouxamento das normas atingira o seu termo (n.d.r.).

[78] O número 213 do referido documento dizia claramente: "E porque de se admitirem ao sacerdócio sujeitos indignos dele, e que servem mais para desencaminhar as almas, do que de as levar a Deus, de quem são ministros, resulta para a Igreja Católica grande dano, o qual se deve atalhar logo na primeira entrada ao estado clerical, ordenamos, que daquele que houver de ser admitido à primeira tonsura e ordens menores, se tire primeiro extrajudicial informação da *limpeza* (o grifo é nosso) do seu sangue" (S. M. VIDE, *Constituições Primeiras do Arcebispado da Bahia*, p. 87).

[79] Cf. R. Walsh, *Notícias do Brasil*, vol. I, p. 158, 162; A. D'Orbigny, *Viagem pitoresca através do Brasil*, p. 106; C. Ribeyrolles, *Brasil pitoresco*, vol. I, p. 162.

[80] J. B. Debret, *Viagem pitoresca e histórica ao Brasil*, p. 166.

Antônio. Isso levou o futuro consorte da Princesa Isabel a anotar no seu diário que, sob certos aspectos, a civilização brasileira "estava acima de outros países materialmente muito mais adiantados".[81]

b. A figura de Maria – um componente da brasilidade

Desde os primeiros anos da sua história, a figura da Mãe de Deus foi uma presença marcante no Brasil. Para começar, o "descobridor" Pedro Álvares Cabral, antes da partida assistiu com o rei e a nobreza a uma solene eucaristia na igreja Nossa Senhora de Belém no Rastelo, onde recebeu a bênção da Virgem dos Mareantes e, quando zarpou, no dia 9 de março, sua frota contava com um portentoso aparato religioso, devidamente escolhido pela sua capacidade intelectual e pela dignidade de vida dos seus membros. Eram 17 ao todo, sendo oito frades franciscanos (tendo como superior o Frei Henrique Álvares, da cidade de Coimbra, frade do convento de Alenquer e futuro bispo de Ceuta) e mais nove padres seculares.[82] O próprio Cabral era um devoto da Mãe de Deus e levava consigo a imagem de Nossa Senhora da Esperança,[83] enquanto uma outra imagem, a de Nossa Senhora da Conceição, também foi levada a bordo da nau "Santa Maria", por ser a devoção comum dos lusos.[84]

Desembarcando no Brasil a 22-4-1500 e tomando posse da nova terra, a primeira igreja que os portugueses construíram, no ano de 1503, foi dedicada a Nossa Senhora da Glória.[85] Não passou muito tempo, e o relato de uma aparição da Virgem à índia Paraguaçu, filha do cacique Itaparica, causaria grande impacto na jovem colônia. Segundo se afirmou, ela teria se encontrado

[81] L. Edmundo, *Recordações do Rio Antigo*, p. 151.
[82] A. Rubert, *A Igreja no Brasil*, vol. I, p. 31.
[83] Cf. M. Oliveira, *Santa Maria na história e tradição portuguesa*, p. 69-71; F. C. P. Lima, *A Virgem e Portugal*, vol. II, p. 991.
[84] A. Galli, *Madre della Chiesa*, p. 167; J. Brustoloni, *Milagres de Nossa Senhora Aparecida*, p. 9.
[85] C. Caliman et alii, em: *Teologia e devoção mariana no Brasil*, p. 73.

com uma augusta Senhora, e correu depois para contá-lo a seu marido, Diogo Álvares Corrêa (vulgo "Caramuru"). Ele seguiu as indicações e, percorrendo as cabanas, encontrou uma imagem de Nossa Senhora das Graças, com as mesmas feições da aparição. Tocado pelo acontecimento, "Caramuru" construiu uma igreja em sua honra e a devoção logo se popularizou.[86]

Quando os jesuítas chegaram ao Brasil em 1549, a primeira igreja da Companhia em Salvador da Bahia foi dedicada a Nossa Senhora da Ajuda, o que se repetiria em Porto Seguro, onde outro jesuíta, Pe. Francisco Pires, ergueu mais um templo de igual invocação.[87] Ao Pe. Pires sucedeu o Pe. Manoel da Nóbrega, que, com outros grandes vultos da Companhia de Jesus, como os padres Ignácio de Azevedo, José de Anchieta e Gabriel Malagrida, de norte a sul do país, estendeu o culto de Nossa Senhora aos negros dos engenhos e das fazendas e aos índios das missões e reduções.[88] Rapidamente, os frutos desse labor se manifestaram numa grande quantidade de capelas, igrejas e nas centenas de santuários marianos que a piedade da jovem terra levantou.[89]

No século XVII, a associação de Maria a eventos pátrios era já um fato consumado. Por isso, depois que os franceses foram vencidos em 1615, seria construída no Maranhão uma igreja dedicada a "Nossa Senhora das Vitórias". Fato semelhante ocorreu em Pernambuco, onde, antes das batalhas contra os holandeses, ouvia-se a missa e rezava-se a ladainha de Nossa Senhora, trazendo no peito, como fazia o índio Poti (Felipe Camarão), a imagem da Virgem. Foi, aliás, entoando a *Salve Rainha* que, em 3 de agosto de 1645, João Fernandes Vieira se arremeteu contra os inimigos no Monte das Tabocas.[90]

---

[86] M. Graham, *Diário de uma viagem ao Brasil e de uma estada nesse país durante parte dos anos de 1821, 1822, 1823*, p. 147.

[87] S. Leite, *História da Companhia de Jesus no Brasil*, tomo I, p. 22. 205; A. Pimentel, *História do culto de Nossa Senhora em Portugal*, p. 217.

[88] S. Leite, *Monumenta Brasilae*, p. 62-64; Idem, *História da Companhia de Jesus no Brasil*, vol. IV, p. 242-247.

[89] F. C. P. Lima, *A Virgem e Portugal*, vol. I, p. 219.

[90] J. A. Cavalcanti, *Carta pastoral do episcopado brasileiro por ocasião do centenário da independência*, papelaria e tipografia Marques e Araújo, Rio de Janeiro, 1922.

Nem todas as manifestações da época chegavam, contudo, a ser das mais louváveis, pois também os traficantes de escravos invocavam a proteção de Deus e da Virgem para os seus "negócios". Claro que se fazia referência à salvação das almas dos escravizados, mas isso nem de longe amenizava as condições em que eles eram transportados. O etnólogo francês Pierre Verger (1902-1996) num levantamento que fez sobre o número de embarcações do tráfico que recebiam apelativos marianos, descobriu o impressionante número de 1.154 citações, sob 54 invocações diferentes. Por ordem decrescente, as mais repetidas eram: Nossa Senhora da Conceição, 324 vezes; Nossa Senhora do Rosário, 105; Nossa Senhora do Carmo, 98; Nossa Senhora da Ajuda, 87; Nossa Senhora da Piedade, 48; e Nossa Senhora de Nazaré, 39.[91]

Enquanto isso, com o início da "era do ouro", nos anos de 1700, a piedade vívida não arrefeceu. Muito pelo contrário, tornou-se costume, quando se descobria o precioso metal, construir as primeiras capelas em honra de Nossa Senhora, acontecendo mesmo de levantá-las no lugar onde se encontrara a primeira pepita. Um exemplo clássico disso foi a construção da capela Nossa Senhora do Rosário da Vila de Cuiabá.[92]

Ainda no último quartel do século XVIII, até os enforcamentos ensejavam manifestações devotas. Lavrada a sentença, a execução se dava três dias depois, para que o condenado antes de morrer recebesse "os consolos do céu": ouvia missa, confessava-se e comungava. Quando enfim subia ao patíbulo, fazia parte do ritual o carrasco lembrar-lhe que o executaria constrangido pela lei, e então pedia-lhe perdão, em nome de Deus e da Virgem Maria. Um dos casos mais impressionantes desses espetáculos de morte envolveu a figura do alferes Joaquim José da Silva Xavier (1746-1792). "Tiradentes" era um mestiço arrebatado, inveterado apreciador dos favores femininos, e também cultivara pendores maçônicos; mas, segundo consta, antes de morrer deu uma

[91] P. Verger, *Orixás, deuses yorubas na África e no Novo Mundo*, p. 24.

[92] P. M. Bardi, *História da arte brasileira*, p. 74.

pungente demonstração de piedade. Eram 8h da manhã de 21-4-1792, e ele rezava no seu oratório ouvindo os hinos religiosos dos fiéis que cantavam ao longe. O "padecente", esse era o nome que se dava aos condenados, foi interrompido para seguir seu destino, sendo levado para fora pelo negro "capitania". Chegando em frente à igreja de Nossa Senhora da Lampadosa, para, ajoelha-se no degrau em frente da porta e reza. Segue depois a rota prevista e sobe as escadas da forca. Ao ouvir o pedido de perdão do carrasco, teria-o abraçado, comovido. O que veio a seguir é história conhecida. Embora os historiadores geralmente evitem falar do assunto, a conversão de "Tiradentes" jamais foi posta em dúvida. Posteriormente, no entanto, serviria de argumento para injusta ironia: "prenderam um patriota, executaram um frade!"[93]

A piedade mariana não se resumia às tocantes atitudes pessoais. Ela estava entranhada na religiosidade coletiva, o que motivou um donatário a chamar sua possessão de Nossa Senhora de Itanhaém, o mesmo acontecendo com numerosíssimas cidades, vilas e freguesias. Apenas no Rio de Janeiro, entre os vários exemplos, destacam-se: Vila de Nossa Senhora dos Remédios de Parati, Vila de Santa Maria de Maricá, Nossa Senhora de Nazaré de Saquarema, Nossa Senhora do desterro de Campo Grande, Freguesia de Nossa Senhora da Apresentação de Irajá e Freguesia de Nossa Senhora da Assunção de Cabo Frio.[94]

No restante do Brasil a situação não diferia: no Norte havia Nossa Senhora de Belém do Grão Pará; no Espírito Santo, Vila de Nossa Senhora da Vitória e Nossa Senhora da Conceição de Guarapari; e na Bahia, Nossa Senhora de Porto Seguro. Em Minas Gerais, além das denominações tradicionais, abundantes na Capitania, os povoados que iam surgindo nas novas frentes de mineração, como no vale do Jequitinhonha, davam continuidade ao costume. Foi assim que surgiu a Vila de Nossa Senhora do

[93] L. Edmundo, *O Rio de Janeiro no tempo dos vice-reis*, vol. III, p. 617-620.

[94] J. S. A. P. Araújo, *Memórias históricas do Rio de Janeiro e das províncias anexas à jurisdição do vice-rei do Estado do Brasil*, tomo I, p. 84-85, 91, 129, 135; Idem, ibidem, tomo II, p. 6, 195, 231.

Bom Sucesso de Fanado, cujo nome se estenderia à Vila de Nossa Senhora do Bom Sucesso das Minas Novas de Araçuaí. Na região sul, por sua vez, existia Nossa Senhora do Desterro (atual Florianópolis) e Nossa Senhora da Luz dos Pinhais (Curitiba), entre outras.[95]

E foi nesse clima de fervorosa religiosidade popular que Dom João VI, com a família real portuguesa, chegou ao Rio de Janeiro em 1808. Assim que pôs os pés em terra, foi conduzido em meio a aparatosas solenidades à igreja de Nossa Senhora do Rosário dos pretos. Em meio aos coros religiosos, um dos principais destaques foi a antífona mariana *Sub tuum presidium*. Ali mesmo rendeu-se graças ao padroeiro da cidade, São Sebastião, e, é claro, "à Santíssima Virgem Nossa Senhora". Notava-se já o quanto a piedade mariana se "abrasileirara". Um dos aspectos mais conhecidos dessa "nacionalização" é o da "devoção doméstica", em que as virgens queridas eram veneradas como se fossem pessoas da família, recebendo atributos humanos.[96]

Não foi por outro motivo que nos engenhos a imagem da Mãe de Deus bem cedo adquiriu as características do ambiente, na indumentária, penteados e adornos; ao tempo em que o próprio nome Maria se popularizava entre as meninas, nas suas mais variáveis invocações: Maria do Amor Divino, Maria da Luz e afins. Nossa Senhora era invocada por todos e não faltava quem pedisse a sua proteção para as mais diversas situações pessoais. Assim, jovens sinhás grávidas, (num período em que dar a luz significava risco de vida) faziam promessas a Nossa Senhora das Graças e do Bom Parto, e os marinheiros recorriam à proteção de Nossa Senhora da Boa Viagem e dos Navegantes. Daí, a assiduidade das visitas dos marujos ao santuário da Virgem da Boa Viagem no Rio de Janeiro antes de embarcar, ou a frequência com que recorriam a Ela ante os perigos das viagens. Também era comum que ao regressarem ao porto fossem cumprir suas

[95] Cf. J. S. A. P. Araújo, *Memórias históricas do Rio de Janeiro e das províncias anexas à jurisdição do vice-rei do Estado do Brasil*, vol. I, p. 8, 15, 108; vol. III, p. 75, 252, 268; vol. VIII, p. 28, 157, 162; F. Denis, *Brasil*, p. 186; J. B. V. Spix e C. F. P. V. Martius, *Viagem ao Brasil*, p. 13, 15.
[96] G. Freyre, *Casa-grande e senzala*, p. 224. 432-433.

promessas, levando a Maria oferendas das mais variadas espécies. Mesmo na corte imperial vivia-se uma espiritualidade semelhante, razão que levou a Imperatriz Dona Leopoldina (1797-1826), a batizar a sua filha mais velha, nascida a 7-5-1819, com o nome de Maria da Glória.[97]

A "mãe preta" exerceu um grande papel nessa evolução; pois, num país em que sinhás evitavam o aleitamento e facilmente morriam de parto, não raro ela se tornava a verdadeira mãe do "nhonhô". Isso explica o respeito com que meninos brancos criados por elas lhes pediam a bênção, ou mesmo a facilidade com que se lhes satisfaziam as vontades, a ponto de quase todas serem livres. Em contrapartida, ao serem inseridas no cotidiano da casa-grande, as negras levaram consigo as sutilezas e os trejeitos verbais africanos, que amaciariam a linguagem doméstica, além de colaborar para a formação de outro modelo de maternidade.[98] Ao venerar a Mãe de Deus sob tão particular influência, tornou-se tranquila a aceitação de Nossa Senhora "brasileira", e isso torna compreensível a total ausência de protestos contra as imagens negras da Virgem.

6. Os movimentos de resistência negra

Como era de se esperar, de vários modos os escravizados reagiram ao sistema escravocrata brasileiro. Em certos casos assassinavam senhores e feitores, ou, simplesmente, escapavam para onde fosse possível.[99] Quem o fazia se encontrava numa situação de alto risco, pois os "donos" logo tratavam de capturá-los, sem falar que, em 1741, foi baixado um alvará recomendando que os prófugos, por meio de ferro em brasa,

[97] Cf. G. Piseley, *Brasil, no Rio da Prata e no Paraná*, p. 35; T. Ewbank, *Vida no Brasil*, p. 157, 183, 195, 244; G. Freyre, *Casa-grande e senzala*, p. 349.

[98] Cf. G. Freyre, *o. c.*, p. 331-332, 349, 352; F. DENIS, *Brasil*, p. 132.

[99] Os encarregados de capturar os negros fugidos eram os "capitães do mato", criados no último quartel do século XVIII. A maioria deles era formada por negros livres, recebendo em média 25$000 (ou 156,25 francos, segundo Ferdinand Denis) por cada fugitivo apanhado e entregue ao seu dono (cf. A. Saint-Hilaire, *Viagem pelo distrito dos diamantes e litoral do Brasil*, p. 95; F. Denis, *Brasil*, p.156).

fossem marcados com a letra "F" nas espáduas. O mesmo documento dispôs que, se reincidissem, era lícito cortar-lhes uma das orelhas.[100] Após a independência, a situação piorou, pois o *Código Criminal do Império do Brasil*, promulgado em 1831, no seu artigo 60, legitimou a prática dos açoites, apesar de especificar que as chibatadas não deviam ser mais de cinquenta... por dia![101] E, não parou aí: aos 10-06-1835, a lei regencial n. 4 §1 impôs a pena de morte para escravos de ambos os sexos que matassem ou ferissem gravemente patrões, ascendentes e descendentes destes, bem como administradores, feitores e suas esposas. A mesma lei previa ainda punições severas para insurreições e chicoteamento de cativos que provocassem lesões e ofensas físicas leves em seus amos.[102]

Nessa falta de perspectivas existenciais, escravizados se suicidavam, enforcando-se na solidão de uma floresta ou comendo terra e mandioca brava, e algumas mulheres abortavam ou assassinavam seus bebês recém-nascidos, para que não crescessem cativos. Outros caíam num profundo estado de depressão psicológica, possivelmente provocada pelo desenraizamento geográfico e cultural, que ficou conhecido como "banzo", e se deixavam morrer de forma lenta, quando não se matavam.

Insurreições armadas igualmente ocorreram, como a dos Malês na Bahia em 1835.[103] Na madrugada de 25 de janeiro daquele ano, durante o mês islâmico do *Ramadã*, os negros muçulmanos se rebelaram; mas, seu extremismo religioso, que desejava a conversão forçada ou o assassinato puro e simples dos "infiéis", provocava rejeição nos demais escravizados, que eram maioria. Daí, a tentativa se tornou alvo de delatores e, ainda que

[100] E. M. L. César, *Mochila nas costas e diário na* mão, Editora Ultimato, Viçosa 2009, p.123.

[101] *Código Criminal do Império do Brasil*, Tipografia Imperial e Constitucional de Émile Seignot-Plancher, Rio de Janeiro 1831, p. 6.

[102] *Coleção das leis do Império do Brasil de 1835*, parte primeira, Tipografia Nacional, Rio de Janeiro 1864, p. 5.

[103] O termo "Malê" parece ser uma corruptela da palavra árabe *Malek*, uma das escolas de pensamento islâmico e não um derivado do país africano Mali. De fato, constatou-se que o número de escravos provenientes do citado país africano naquele levante foi inexpressivo.

tenha conseguido eclodir, foi rapidamente debelada. Tombaram setenta "malês", e com eles, a tentativa da implantação de um califado negro na Bahia, em que brancos seriam exterminados e mestiços escravizados.[104]

A forma mais tenaz de resistência coletiva, no entanto, foram os "quilombos", cujo apelativo derivou dos vocábulos bantos *kilombo* (do dialeto quimbundo, do noroeste da Angola) ou *ochilombo* (de raiz umbundo, das montanhas centrais da mesma Angola). Significando "acampamento guerreiro na floresta", esse termo qualificava as comunidades de negros fugidos, inicialmente chamadas "mocambos". Em 1681 apareceu o substitutivo nos registros do Pernambuco, que acabaria fixado em 1740, por decisão do rei de Portugal.[105]

As primeiras informações sobre esses agrupamentos de evadidos datam de 1559, na capitania de Pernambuco, e, dentre todos os que surgiram em seguida, destacou-se Palmares, situado no interior de Alagoas. Ele começou a tomar forma por volta de 1597, crescendo ainda mais depois que os holandeses ocuparam parte do nordeste de 1630 a 1654, não obstante a oposição destes. Os palmarinos se organizaram em vários assentamentos, cada um com seu líder, que por sua vez escolhiam o chefe de todos. O Mocambo do Macaco, onde hoje se acha a cidade de União dos Palmares, AL, era a sede, tendo sido Ganga-Zumba (c. 1630-1678), originário do Congo, o primeiro a assumir o comando geral. Ele conseguiu repelir dezenas de expedições contra Palmares, mas, em 1678, foi ao Recife e firmou um pacto com o governador Aires de Souza e Castro. Dito acordo dispunha que os quilombolas deporiam as armas, recebendo em troca terras e liberdade. Seria concedida alforria aos negros nascidos no quilombo, enquanto que os demais retornariam escravos. Esse pacto dividiu os palmarinos: Ganga-Zumba junto dos seus abandonou o quilombo e se retirou para o Vale do Cucaú, ao contrário

[104] J. J. Reis e E. Silva, *Negociação e conflito. A resistência negra no Brasil escravista*, p. 18-20, 29, 32.

[105] C. Moura, *Dicionário da escravidão negra no Brasil*, Editora da Universidade de São Paulo, São Paulo 2004, p. 337; Flávio dos Santos Gomes, *Mocambos e quilombos*, Editora Claro Enígma, São Paulo 2015, p. 11.

de Zumbi (1655-1695), que optou por ficar. Num episódio nebuloso, Ganga-Zumba morreria envenenado, enquanto Zumbi prosseguia na luta, fato que se presta a várias interpretações. Uma delas, reforçada a partir do século XX, ressalta o lado heroico desse último; mas outra vertente tem ultimamente apontado aspectos menos mencionados sobre ele. Leandro Narloch, por exemplo, recorda que Zumbi "mandava capturar escravos de fazendas vizinhas para que trabalhassem forçados em Palmares" e "também sequestrava mulheres e executava aqueles que quisessem fugir do quilombo".[106]

Certo é que, em 1687, o bandeirante paulista Domingos Jorge Velho (1641-1705) se comprometeu com o novo governador de Pernambuco, João da Cunha Souto Maior, de aniquilar a Troia negra. Ele iniciou o ataque em 1692 e, aos 7 de fevereiro de 1694, em meio a uma carnificina, Palmares caiu. Zumbi conseguiu escapar, mas, em novembro do ano seguinte, Antônio Soares, um dos seus homens de confiança, foi preso e, após ser torturado e receber a promessa de libertação, revelou a André Furtado de Mendonça que o líder se escondera na Serra dos Dois Irmãos, Alagoas. Soares conduziu um grupo de capturadores até lá e, em 20-11-1695, ele mesmo apunhalou mortalmente Zumbi, que recebeu ainda outros ferimentos. Deceparam a cabeça do cadáver, salgaram-na, e, em seguida, a enviaram para o Recife, onde ela seria exibida em praça pública.

Camuango, que provavelmente esteve em Palmares, reconstituiu um pequeno reduto, que durou somente até 1703, ano de sua destruição. Outros remanescentes de Palmares reunir-se-iam aos quilombolas da Paraíba, em Cumbé, mas a desesperada tentativa foi liquidada em 1735.[107]

O fracasso dessas experiências não eliminou outras iniciativas similares. Flávio dos Santos Gomes menciona casos vários de quilombos de norte a sul do Brasil seja naquele e em períodos sucessivos. Dentre

---

[106] L. Narloch, *Guia politicamente incorreto da história do Brasil*, p. 83.

[107] Cf. R. Bastide, *Estudos afro-brasileiros*, p. 123.

os exemplos que menciona, ele opina que o quilombo do Ambrósio, também chamado de quilombo Grande, situado em Minas Gerais, depois de Palmares, teria sido um dos maiores do país. O mesmo autor, porém, adverte que, apesar de existir "a visão romântica dos quilombos, supostamente isolados, como reprodução da África", as evidências indicam que a cultura quilombola estava "bem adaptada" no Brasil de então, mantendo ativo sistema de trocas econômicas.[108]

7. O abolicionismo e as leis emancipatórias

Ao raiar o século XIX, o modelo escravista aparentava ser estável no Brasil, mas não tardaria a entrar numa curva histórica. Senhores brancos começaram a perceber a rentabilidade do trabalho livre, e o país até ensaiou as primeiras políticas imigratórias. O conjunto da sociedade nacional igualmente se alterava, com certas fazendas assumindo aspectos de empresa, ao tempo em que se instalavam algumas modestas indústrias. Nesse ínterim, a Europa, habitual referência dos brasileiros esclarecidos, tornara-se antiescravista e daí, na segunda metade dos anos de 1800, tomou corpo o movimento abolicionista. Ele era composto por brancos aguerridos, tipo Joaquim Nabuco, João Clapp, Manuel Pinto de Souza Dantas e Rui Barbosa. A eles se juntariam também alguns negros de certa projeção, como José do Patrocínio, André Rebouças e Luiz Gama.

Todos esses fatores reunidos induziram o Governo a mudar a postura. A primeira tentativa de mudança, aliás, havia acontecido ainda em 07-11-1831, ao ser promulgada uma lei, regulamentada no ano seguinte, estabelecendo a liberdade para os negros africanos que chegassem por meio do tráfico, ao tempo em que impunha pesadas punições aos "importadores". Essa norma jamais foi aplicada e resultou completamente ineficaz.[109]

[108] F. S. Gomes, *Mocambos e quilombos*, p. 20-21, 42, 100.
[109] J. Oscar, *Escravidão e engenhos*, p. 61.

A pressão europeia, contudo, não deixaria as coisas ficarem assim. O Reino Unido, que já condenara oficialmente o escravismo em 1807, aos 9 de agosto de 1845, por meio de seu parlamento, promulgou o *Bill* (projeto de lei) *Aberdeen* (relativo ao Lord George Hamilton-Gordon, 4º Conde de Aberdeen, na época, Ministro das Relações Exteriores) autorizando as embarcações britânicas a apresarem qualquer navio negreiro que avistassem. Paralelamente, à medida que os anos passavam, com o apoio de brancos emancipadores, recrudesceu a fuga de escravos e o número de quilombos cresceu ainda mais. Notabilizaram-se, dentre muitos outros, o de "Jabaquara" (surgido ao redor de 1882, por iniciativa dos abolicionistas Américo Martins e Xavier Pinheiro e dirigido pelo ex-escravo Quintino de Lacerda) e o de "Pai Felipe" (idoso régulo africano escravizado), ambos em Santos, SP; o do "Cupim" no Recife, PE; e o "Leblon" no Rio de Janeiro. Esse último foi criado nos anos de 1880 por um comerciante português chamado José de Seixas Magalhães, filiado à Confederação Abolicionista, que reuniu negros fugidos em sua chácara.[110]

A classe política teve de encarar tal conjuntura, vindo a aprovar novas leis emancipatórias que, dessa vez, seriam aplicadas, como segue:

– Lei nº 581, denominada de "Eusébio de Queirós" (04-09-1850), porque proposta pelo Ministro da Justiça Eusébio de Queirós Coutinho Matoso Câmara (1812-1868), proibiu o tráfico negreiro para o Brasil. Essa norma favoreceria o tráfico interno, pois do Nordeste seriam depois vendidos para os cafezais do Sudeste cerca de 100 mil negros escravizados.[111]

– Lei nº 2.040, dita "do Ventre Livre" (28-9-1871): apresentada por José Maria da Silva Paranhos (1819-1880), Visconde do Rio Branco, e sancionada pela Princesa Isabel (que assumira por primeira vez a regência do trono no dia 20 anterior), assegurou a liberdade dos filhos de mães escravas nascidos dali por diante. Porém o artigo 1 permitia aos

[110] Cf. R. Echeverria, *A história da Princesa Isabel*, Versal Editores, Rio de Janeiro 2014, p. 222.

[111] R. Echeverria, *A história da Princesa Isabel*, p. 14.

"senhores" de utilizarem a mão de obra deles até os 21 anos de idade, caso não recebessem do governo a compensação de 600$000 por cada criança emancipada.[112] Uma alternativa para isso consistiu em entregar os pequeninos de sexo masculino ao governo; mas, até 1885, só 113 filhos de escravas tinham sido acolhidos. Alguns foram encaminhados para instituições, como o Asilo de Meninos Desvalidos do Rio e o Orfanatrófio Isabel do Recife.[113] Logo surgiram nas ruas "hordas de desvalidos" e a Igreja tentou medidas paliativas. Uma delas se deu por meio da Ação Social Arquidiocesana, que procurou assistir e catequizar ditos negrinhos.[114]

– Lei nº 3.270, chamada "dos Sexagenários" (28-9-1885), seu autor foi o conselheiro José Antônio Saraiva (1823-1895). Embora não mencionasse formas de auxílio para a velhice, ela estabeleceu que os escravos com mais de 65 anos ficariam livres. Abriu também caminho para que em 15-10-1886, a lei nº 3.310 proibisse os açoites consentidos no Código Criminal de 1831 e confirmados pela lei n. 4 de 10-06-1835.[115]

A essa altura duas províncias – Ceará e Amazonas – haviam se antecipado e deixado livres todos os cativos que tinham. No Ceará isso aconteceu em 25-03-1884, no governo de Sátiro de Oliveira Dias (1844-1913), ao passo que no Amazonas a emancipação se deu em 10 de junho seguinte, durante a gestão de Theodoreto Carlos de Farias Souto (1841-1893). Em solo cearense também se destacara o jangadeiro Francisco José do Nascimento (1839-1914), vulgo "Dragão do mar", que, em abril daquele mesmo ano, viajaria para o Rio de Janeiro a convite de entidades abolicionistas. O tenente-coronel Antônio de Sena Madureira (1841-1889), comandante da Escola de Tiro Campo Grande, o homenageou; mas o governo viu o gesto como insubordinação, pois a escravidão

[112] *Coleção das leis do Império do Brasil de 1871*, tomo XXI, parte I, Tipografia Nacional, Rio de Janeiro 1871, p. 267.
[113] I. Rizzini – I. Rizzini, *A institucionalização de crianças no Brasil*, 2ª ed; Edições Loyola, São Paulo 2004, p. 28.
[114] C. N. Reis – J. C. Prates (Org.), *Fragmentos de uma metrópole*, EDIPUCRS, Porto Alegre 1999, p. 56.
[115] *Coleção das leis do Império do Brasil de 1866*, Imprensa Nacional, Rio de Janeiro 1887, p. 52.

continuava legal, devendo o exército colaborar na captura de cativos fugidos. Por isso, Sena Madureira foi exonerado e transferido para o Rio Grande do Sul, o que fez seu caso se cruzar com outra pendência: a Questão Militar.[116]

8. A nova postura do clero e dos religiosos

Em âmbito católico, os ultramontanos predominavam, e eles se deram conta que a lascívia das senzalas era um entrave para a moralização cristã dos costumes. Isso, juntamente com razões humanitárias, levou Dom Antônio de Macedo Costa, bispo de Belém, a proclamar em 1863 que desejava a abolição da escravatura no Brasil.[117] Com ele fez coro o titular do Rio de Janeiro, Dom Pedro Maria de Lacerda; o de Diamantina, Dom João Antônio dos Santos; bem como os de Mariana, Dom Viçoso e o seu sucessor Dom Antônio Correa de Sá e Benevides. Dom Benevides, inclusive, fundou em 1885 a Associação Marianense Redentora dos Cativos.[118]

As ordens religiosas tradicionais também passaram a libertar os escravos que tinham. Os beneditinos primeiro concederam a alforria aos nascituros em 03-05-1866, e, em seguida, aos 29-09-1871, deram liberdade plena a todos os seus 4.000 cativos.[119] Os carmelitas e franciscanos imitaram-nos, o mesmo fazendo em 8 de dezembro daquele ano, ainda que os segundos, de acordo com decisão tomada na sessão definitorial de 3 de outubro, tenham optado pela libertação paulatina.[120] Dentre as novas congregações, exceção feita aos lazaristas, nenhuma utilizou mão de obra escrava, e viam com desagrado o que

[116] F. C. Barreto, *Os milagres de Kari*, Edição do Autor, Rio de Janeiro 2017, p. 222.
[117] B. Gerlache et alii, *Assemblée générale des catholiques en Belgique*, tomo I, p. 393-394.
[118] R. Vainfas et alii, *Dicionário do Brasil Imperial (1822-1889)*, p. 185.
[119] M. E. Scherer, *Frei Domingos da Transfiguração Machado*, p. 31, 39.
[120] B. Röwer, *História da Ordem Franciscana da Imaculada Conceição do Brasil*, p. 361.

acontecia no Brasil. Por isso, o salesiano Pe. Luigi Lasagna, chegado em 1882, escreveu a Dom Bosco comunicando que a escravidão era um dos males que assolavam o país.[121]

9. A abolição e suas imediatas consequências

O escravismo decadente sofreu outro golpe em 1887, quando a edição de 26 de outubro do jornal *O País* publicou um ofício que o Marechal Deodoro, presidente do Clube Militar, fundado no dia 26 de junho precedente, expedira à Princesa Isabel. Nele, Deodoro comunicava que o exército não estava mais disponível para ir ao encalço de cativos fugidos. Isso, ao lado das medidas emancipadoras, fez o número de escravos no país cair rapidamente. Eles, que eram 15,2% da população, segundo o primeiro censo nacional realizado em 1872, reduziram-se a 5% em 1888. Em 10 de fevereiro daquele ano, o líder Joaquim Nabuco foi recebido pelo papa Leão XIII, que o abençoou, apoiou sua causa e até escreveu a carta *In Plurimis*, datada de 5 de maio seguinte. Dirigida aos bispos do Brasil, ela lhes pedia para apoiarem o trono contra o escravismo. Arguto, Nabuco a traduziu e divulgou-a meses antes da publicação oficial, que só se daria após a abolição, causando grande impacto. Ele fez mais: como parlamentar, em 07-04-1888, da tribuna da Câmara denunciou a inércia política ante o caso dos cativos:

> O escravo já tem sido por demais explorado... Eu sei [...] que os liberais estão sofrendo em todas as províncias do jugo conservador, mas estão sofrendo em suas garantias constitucionais apenas, ao passo que os escravos estão sofrendo em suas pessoas e no seu corpo. Antes de pensar nos correligionários, temos que pensar em suas vítimas, e os escravos o são, vítimas da política estreita até hoje de ambos os partidos [liberal e conservador].[122]

[121] A. Vieira, *Diário de um missionário popular*, Edições Loyola, São Paulo 1997, p. 16; L. Lasagna, "Lettera brasiliana", em: *Bolletino Salesiano* (agosto 1882), n. 8, p. 133.

[122] *Anais do Parlamento Brasileiro de 1888 – Câmara dos Deputados*, vol. I, Imprensa Nacional, Rio de Janeiro 1888, p. 16.

A denúncia surtiu efeito e, no dia 3 de maio seguinte, durante a 3ª sessão da 20ª legislatura, na "fala do trono", a Princesa Isabel salientou que a abolição se tornara uma "aspiração aclamada por todas as classes". João Alfredo Correia de Oliveira assumiu como presidente do conselho de ministros quatro dias mais tarde e, em 8 de maio, Rodrigo Augusto da Silva (1833-1889), titular da pasta da agricultura do novo Gabinete, apresentou uma proposta com dois artigos extinguindo a escravidão no Brasil. O Presidente da Câmara instituiu, então, uma comissão com cinco parlamentares – Duarte de Azevedo, Antônio Gonçalves Ferreira, Afonso Celso Júnior, Alfredo Correia e Joaquim Nabuco – para avaliá-la. Passados dois dias, a iniciativa recebeu aprovação no parlamento por 83 votos contra 9. O grupo opositor vaticinava que a medida desorganizaria a produção nacional e contra ela se posicionaram os deputados gerais Francisco de Caldas Lins, do Pernambuco, e Alberto Bezamat, Alfredo Rodrigues Fernandes Chaves, Antônio Cândido da Cunha Leitão, Carlos Frederico Castrioto, Domingos de Andrade Figueira, João Evangelista Saião Bulhões Carvalho, Manoel Peixoto de Lacerda Werneck, mais Pedro Luís Soares de Souza, do Rio de Janeiro. No Senado a proposta foi debatida entre os dias 12 e 13, e só 6 dos 71 membros votaram contra, com destaque para o barão de Cotegipe. Enfim, às 15h15min. do dia 13 do mesmo mês (domingo), a princesa Isabel assinou a lei n. 3.353 ("Lei Áurea"), que estabelecia:

> A Princesa Imperial Regente, em Nome de Sua Majestade o Imperador o Senhor Dom Pedro II, Faz saber a todos os súditos do Império que a Assembleia Geral decretou e Ela sancionou a Lei seguinte:
> – Artigo 1º - É declarada extinta, desde a data desta lei, a escravidão no Brasil;
> – Artigo 2º - Revogam-se as disposições em contrário.
> Manda, portanto, a todas as autoridades, a quem o conhecimento e execução da referida Lei pertencer, que se cumpram e façam cumprir e guardar tão inteiramente como nela se contêm.
> O Secretário de Estado dos Negócios e da Agricultura, Comércio e Obras Públicas e interino nos Negócios Estrangeiros, Bacharel Rodrigo Augusto da

> Silva, do Conselho de Sua Majestade o Imperador, a faça imprimir, publicar e correr.
> Dada no Palácio do Rio de Janeiro em 13 de maio de 1888, 67º da Independência e do Império.
>
> Princesa Isabel Regente.
> Rodrigo Augusto da Silva.[123]

A Igreja se congratulou com a Princesa, e o papa Leão XIII a agraciou com a "Rosa de Ouro". A honorificência foi entregue na capela imperial em 28-09-1888 pelo internúncio papal, Monsenhor Francesco Spolverini. Dom Antônio de Macedo Costa, porém, advertiu: "Abolimos o cativeiro material. Foi muito; mas isto foi apenas o começo; removemos um estorvo e nada mais. Cumpre agora abolir o cativeiro moral".[124]

Já houve quem afirmasse que a "Lei Áurea" foi apenas "uma manobra tática, visando atrair para o trono as simpatias populares, que se voltavam decididamente para a República..."[125] Entretanto, não existem elementos que comprovem uma adesão "popular" ao movimento republicano, que engrossou suas fileiras justamente com os fazendeiros insatisfeitos com a abolição. Deve-se considerar ainda que Isabel, não obstante sua pessoal piedade e outras proclamadas virtudes, era uma pessoa limitada. Devido, porém, a um conjunto de circunstâncias, a partir de 1887 ela se viu, pela terceira vez, na regência de uma monarquia em crise. E, depois, mesmo lamentando o fato de ela não ter estipulado (ou podido estipular) uma reparação posterior para os ex-escravos, foi graças à sua interferência que dita "Lei Áurea" foi aprovada. Nesse sentido, convém ressaltar que, para realizar o objetivo emancipatório dos negros, Isabel ignorou a oposição do próprio marido, Gaston D'Orléans, o Conde D'Eu, desafiou o empedernido barão de Cotegipe, e numa atitude corajosa, abriu mão do apoio do último

[123] *Coleção das Leis do Império do Brasil de 1888*, vol. I, Imprensa Nacional, Rio de Janeiro 1889, p. 1.
[124] V. Altoé, *A Igreja e a abolição – uma posição conservadora*, p. 123-125, 132.
[125] E. Carneiro, *Ladinos e crioulos*, p. 96.

grupo de sustentação da Monarquia (os fazendeiros escravocratas), o que, na prática, significava renunciar ao trono. As consequências dessa opção tornaram-se evidentes no diálogo realizado entre ela e Cotegipe um dia depois: "então, ganhei ou não ganhei a parada?" perguntou. "Ganhou", retorquiu ele, "mas perdestes o trono".[126]

Há também outro fato, comumente negligenciado, mas que é esclarecedor: após a abolição da escravatura, aos 28 de setembro de 1888, foi organizada no Rio de Janeiro a "Guarda Negra", que protagonizou confrontos na cidade e debates na imprensa. O movimento conseguiria se ramificar na Bahia, no Espírito Santo, em Minas Gerais e em São Paulo, tendo como objetivos justamente a proteção dos recém-libertos e a pessoa da Princesa Isabel. Esse mesmo movimento se envolveu até em enfrentamentos de rua com militantes republicanos, o que demonstra a necessidade de uma revisão crítica de certas interpretações circulantes.[127]

10. O negro na sociedade brasileira após a abolição

Independentemente do que possa ter desejado a Princesa Isabel, a Lei Áurea não resultou na "redenção" dos cerca de 720 mil escravos que libertou. Longe disso. A adolescente Helena Morley anotaria no seu diário que, ao chegar a notícia da referida lei em Diamantina, MG, os ex-escravos de sua avó, exultantes, pararam o serviço para comemorar no terreiro com cantos e danças. No meio da festa, a "sinhá" gritou: "pisem da minha casa pra fora seus tratantes!" A autora até esclarece que, no caso, tudo não passou de uma bravata; mas as palavras proferidas davam o tom da real situação: "a liberdade veio não foi p'ra vocês, não, foi p'ra mim".[128]

[126] B. Pereira, *Figuras do Império e outros ensaios*, p. 103.
[127] Cf. F. Gomes, *Negros e política (1888-1937)*, Jorge Zahar Editor, Rio de Janeiro 2005, p. 15-18.
[128] H. Morley, *Minha vida de menina*, p. 167.

Realmente, boa parte dos antigos proprietários se desembaraçou sem mais aquela dos ex-escravos, que em grande número foram para as cidades, onde passaram a perambular pelas ruas, mendigando. E isso aconteceu justo no momento em que a imigração de europeus recrudescia. A ata da Câmara Municipal de São Paulo, porém, limitaria-se a dizer: "Quando a sereníssima princesa Isabel de Orléans e Bragança assinou a Lei, estava repleta a hospedaria dos imigrantes de São Paulo. E o interior paulista já tinha braços novos para renovar a sua lavoura".[129]

O regime político que sucedeu ao Império não mudou de tom. Que o diga o *Hino à República*, composto por Antônio Medeiros de Albuquerque aos 20-01-1890: "*Nós nem cremos que escravos outrora tenham havido em tão nobre país*". E haviam passado só dois anos da abolição...[130]

Quanto aos negros, deixados ao léu, estes se amontoaram nas favelas e não foram incorporados ao proletariado emergente. Pior: a própria imprensa anarquista estampava editoriais de inequívoco preconceito racial. Nas décadas seguintes, o quadro da exclusão praticamente se estabilizou; mas, mesmo assim, a maioria dos ex-cativos e seus descendentes não somente soube assimilar e conservar valores cristãos, como enriqueceu a cultura nacional e a fé recebida. No caso específico do Catolicismo, a presença desse enorme contingente seria fundamental para que a piedade popular não ficasse confinada em fórmulas europeias. Daí, dentre outras manifestações, em certos casos, o devocionário a Maria ganharia contornos, que, por vezes, se constituem em verdadeiros retratos do Brasil.

[129] E. F. Cropani et alii, *Nosso Século*, vol. I, p. 7.

[130] R. Schwarz, *Ao vencedor as batatas: forma literária e processo social nos inícios do romance brasileiro*, Editora 34, São Paulo 2000, p. 24.

II

AS MANIFESTAÇÕES MARIANAS DE UM ORIGINAL CATOLICISMO DOS TRÓPICOS OCIDENTAIS

Para a compreensão das manifestações da religiosidade dos negros e dos pardos, tem sido amplamente utilizada a análise das raízes históricas que foram e continuam sendo uma das fontes da sua mística. Aos interessados do assunto, entretanto, trata-se de tarefa árdua, pois, como vem defendendo continuamente pesquisadores vários, "as mais antigas provas conhecidas da existência do homem e do aparecimento da sociedade se encontram na África Oriental e Norte-oriental".[131]

Estudos efetuados em tempos recentes, ao classificarem o conjunto do continente africano, têm preferido agrupar seus habitantes não de acordo com as etnias, mas segundo seus "troncos linguísticos". Seriam basicamente três: grupo de línguas dos bosquímanos e dos hotentotes; grupo de línguas camito-semitas dos norte-africanos; e grupo de línguas dos negros subdivididos em nilóticos, sudaneses e bantos.[132]

Não há unanimidade sobre essa classificação, mas, no caso do Brasil, convencionou-se agrupar a maioria dos negros traficados em dois núcleos culturais: sudaneses e bantos. Os sudaneses provinham das regiões do Golfo da Guiné, na África Ocidental, que corresponde, como se viu, aos territórios em que ora se encontram a Nigéria, Togo e Benin (o antigo Daomé). Diversas populações estão inclusas na categoria "sudanesa", a exemplo dos jêjes de Daomé e os yorubas ou nagôs da Nigéria (subdivididos em kétu, ijexá, egbá e outros), ao lado dos fanti-achantis,

[131] J. D. Fage, *Storia dell'Africa*, p. 5-7.

[132] O. Gribaudi, *Profilo geografico del continente africano*, p. 43-45.

concentrados em Gana. A eles seriam agregados ainda grupos parcialmente islamizados, como os haussás, tapas, peuls, fulas e mandingas.

Os sudaneses tiveram como destinação principal a Bahia e estados mais do Nordeste brasileiro, tipo Alagoas e Pernambuco. Outro local de cultura youruba seria identificado no Rio Grande do Sul, constituído por indivíduos quiçá provenientes de Oyo. Em se tratando da Bahia, um dos estados de alta percentual de negros do país, muitos dos seus afrodescendentes têm raízes nas regiões de Kêtu (Ibadã, capital do reino yoruba) e ijexá. Outra componente negra baiana proveio do Sudão ocidental, sendo composta por islamizados, nos quais se reconhece quatro grupos principais, que são os haussas, os tapas, os mandigas e os fulas.

No tocante aos bantos, estes eram procedentes do Congo, de Angola (São Paulo de Luanda, São Jorge da Mina e Benguela) e da África oriental (sobretudo, Moçambique), sendo compostos por povos muitas vezes chamados com apelativos derivados dessas proveniências, tipo "angolas", "caçanjes" e "benguelas". Eles foram distribuídos no Rio de Janeiro, Minas Gerais, São Paulo e Maranhão, atingindo depois outras partes.[133]

A maioria das citadas populações praticava as tradicionais religiões africanas[134], e o "encontro" forçado delas, com sua consequente submissão ao Cristianismo, ensejaria a formação de uma nova piedade mariana, com duas vertentes principais: a primeira se tornaria parte integrante de um inédito Catolicismo negro e mestiço que será analisado logo abaixo; a segunda, que será abordada após esta, teve multiforme cunho sincretista.

1. A articulação de uma nova piedade mariana

De acordo com a legislação portuguesa, todo comprador de escravos estava obrigado por lei a instruí-los na fé católica para que fossem bati-

[133] M. M. Fraginals, África en América Latina, 3ª ed., Siglo Ventiuno Editores, Madrid 1996, p. 279-280.
[134] Cf. N. Lopes, *Bantos, malês e identidade negra*, p. 41.

zados no prazo máximo de cinco anos sob pena de expropriação. No ato do batismo o escravizado negro tinha que adotar um nome cristão, fosse ele bíblico (Abrahão, Moisés, Pedro e outros) ou oriundo da tradição cristã (Sebastião, Antônio, Benedito...). A lei supracitada acabou caindo no esquecimento, mas não o costume, e era raro encontrar um negro que não fosse oficialmente cristão.[135]

Entretanto, a admissão ao Cristianismo acontecia no modo mais rudimentar possível, como bem descreveu Tollenare:

> Os escravos importados da Angola, de Luanda, do Moçambique e de outros lugares onde existem governadores ou outros agentes reais [portugueses], são batizados em massa e sem outra espécie de instrução, antes do embarque; os provenientes de lugares onde só há soberanos africanos não recebem esta instrução; são batizados aqui, mas depois de se lhes ter ensinado algumas fórmulas de rezas ou alguns gestos de devoção. Não os instruem no catecismo. Seria talvez perigoso para os senhores abrir-lhes o santuário da religião, porque é provável que em breve se tornariam bastante hábeis para dela tirar consequências.
>
> Os negros que receberam o batismo consideram-se, entretanto, superiores aos outros, e estes, percebendo o desprezo que inspiram aos seus parceiros, esforçam-se por aprender as suas rezas a fim de poderem ser batizados.[136]

A "instrução religiosa" que se seguia muitas vezes ficava sob os cuidados de um velho negro livre, que a transmitia até por meio de línguas africanas. O mais comum, no entanto, era que alguém da casa-grande assumisse tal encargo, levando a efeito uma catequese mais devocional que doutrinária, na qual se dava um particular acento à figura da Virgem. Em alguns casos mais raros isso beirava o excesso, a ponto de provocar verdadeiros desabafos: "trabalhar, trabalhar, trabalhar durante todo o dia, e rezar, rezar, durante toda a noite. Nenhum negro resiste a isso".[137]

---

[135] J. B. Debret, *Viagem pitoresca e histórica ao Brasil*, vol. I, p. 293; Idem, *ibidem*, vol. II, p. 166.
[136] L. F. Tollenare, *Notas dominicais*, p. 143.
[137] T. Ewbank, *Vida no Brasil*, p. 65.

Mesmo assim, a seu modo, a maioria dos escravos aderia à nova fé porque a Igreja dava o consolo de que eles necessitavam, sem falar que as formas exteriores do culto cristão produziam uma impressão irresistível no espírito e na imaginação dos filhos da África.[138] Com o tempo, nas mais diversas circunstâncias, a prática religiosa dos negros se tornou marcante, tanto faz se era sob as discretas mantilhas da catedral paulistana ou quando se recolhiam esmolas na rua para construir igrejas. A fé, por vezes, era tão fervorosa, que acontecia de um viajante, ao entrar em igrejas como a de Nossa Senhora do Rosário do Catumbi, no Rio de Janeiro, verificar que o único devoto em prece ali era uma pessoa negra.[139]

Essas manifestações piedosas nem sempre receberam a devida atenção, porque tampouco se compreendia que o comportamento religioso africano não podia se enquadrar nos sisudos padrões do Velho Mundo, em razão do que os cativos procuraram espaços adequados para se expressar. Por isso, o seu amor pela música, pelo incenso e pelos grandes cortejos encontrava o ambiente ideal nas procissões e demais festas religiosas, em que além das preces e cantos se compraziam em soltar fogos de artifício. O culto à Virgem Maria sintetizava, de certa forma, esse cristianismo festivo. Como já foi observado, a partir das "Nossas Senhoras madrinhas dos meninos", se criaram nos negros as primeiras ligações espirituais, morais e estéticas com a família e com a cultura brasileira, o que se estenderia para outras etapas e atividades da vida. É por isso que num casamento um criado de categoria superior era o padrinho do inferior, mas Nossa Senhora era a madrinha de todos. Não parava aí: toda manhã um negro fazia o sinal da cruz e rezava a Ave-Maria, repetindo o mesmo gesto à noite. O escrúpulo religioso era tão grande, que até durante o Carnaval, na hora da Ave-Maria, todos os

[138] Cf. J. M. Rugendas, *Viagem pitoresca através do Brasil*, p. 200.
[139] Cf. T. Ewbank, *Vida no Brasil*, p. 215.

divertimentos paravam.[140] Também existia a prática de pedir a bênção de Deus e de Nossa Senhora antes das refeições e do trabalho,[141] bem como de adornar as paredes das casas de negócio com imagens da Virgem. Até nos cortejos para levar a extrema-unção aos doentes os negros iam entoando intermináveis litanias à Mãe de Deus.[142]

De outra feita, a limitada cultura teológica de tantos clérigos da época não favorecia uma instrução religiosa "ortodoxa", segundo os cânones tridentinos. A situação se complicou ainda mais depois que, com o Alvará de 03-09-1759, o rei Dom José I (1714-1777), estimulado por Sebastião José de Carvalho e Melo (1699-1782), Marquês de Pombal, expulsou os jesuítas, privando a colônia brasileira de sua ordem religiosa mais poderosa e culta. O cerco regalista montado daí para frente seria feroz, e, muitos padres, formados na universidade de Coimbra, quando se tornavam bispos, não titubeavam em legitimar a proeminência do soberano no âmbito eclesial. A carta pastoral de Dom Tomás da Encarnação da Costa e Lima (1723-1784), feito prelado diocesano de Olinda em 1774, é um exemplo acabado dessa atitude:

> Se os Padres dos primeiros séculos, por tradição constante recebida do Apóstolo, recomendavam aos primeiros fiéis orações públicas por seus Príncipes, ainda que heréticos, e clamavam que não resistissem às suas ordens, porque era o mesmo que resistir e desobedecer às determinações de Deus, que os tinha destinado para o governo dos povos; quanto mais nós, por um Monarca Pio e fidelíssimo à Igreja, por o nosso Soberano e senhor, que atende com tanto zelo para estas conquistas seu Real Padroado e Domínio? Ele, como Grande Mestre da Ordem de Cristo, é nosso Pastor e Prelado: a Ele, pelos Sumos Pontífices Eugênio IV, Nicolau V, Calisto III e outros, foi dado o poder espiritual nas terras que os Senhores Reis seus predecessores, conquistaram. Nós somos seus vigários e coadjutores, chamados para cultivar esta vinha

140 J. B. Debret, *Viagem pitoresca e histórica ao Brasil*, vol. I e II, p. 300. 168, 188, 200.
141 A. M. Machado Filho, *O negro no garimpo em Minas Gerais*, p. 73.
142 T. Ewbank, *Vida no Brasil*, p. 263.

> que foi entregue ao seu grande Magistério. Que aflição não será a nossa, se entre vós, houver aquele espírito de orgulho, de soberba, ambição e escândalo, que divida e lacere um rebanho que deve ser um só em sua cabeça Temporal e Espiritual?[143]

Ao mesmo tempo, no ambiente doméstico, "mães pretas" e mucamas mantinham enorme ascendência sobre "sinhôzinhos" e "sinhazinhas", e daí, às vezes, a situação se invertia, e eram elas que influenciavam a "catequese" dos pequerruchos, e por extensão, a religiosidade geral. Assim, mesmo depois da reforma ultramontana triunfar na segunda metade do século XIX, muitas manifestações religiosas dos afrodescendentes se conservaram, estando algumas delas vivas até hoje.

2. As lendas marianas negras

A escravidão não impediu que se proliferassem relatos nos quais o sofrimento negro era resgatado em contos que os convertiam em sublimes exemplos de resistência e fé. Essas histórias eram das mais variadas e percorriam as senzalas, transmitidas oralmente pelas negras, que tantos autores descrevem como exímias narradoras, a ponto de terem alterado a linguagem da casa-grande.

Os contos das mucamas, de maneira subliminar, transmitiam uma mensagem clara: de algum modo, por meios misteriosos, nem que fosse na eternidade, a Virgem Maria faria justiça aos negros e puniria os brancos que os oprimiam. Um desses "casos", muito popular em Goiás, levava o nome de "A mãe das cobras", e foi uma resposta à imensa opressão dos lavrados goianos, onde vidas eram ceifadas diariamente e mu-

[143] Coleção das Letras Apostólicas em forma de Breves dos Sumos Pontífices Benedito XIV e Clemente XIV expedidas para o Reino de Portugal desde 23 de agosto de 1756 até 22 de abril de 1774. E das Pastorais que o Eminentíssimo Cardeal Patriarca de Lisboa e os Excelentíssimos Arcebispos e Bispos do Reino de Portugal têm publicado nas suas dioceses desde 24 de fevereiro de 1770 até 13 de setembro de 1774 (miscelânea), p. 2-4.

lheres se entregavam às tarefas mais ingratas, inclusive à prostituição. Reza a lenda que, no arroio Lava-pés, os católicos iam rezar na igreja situada sobre a colina, envergando suas melhores indumentárias. Foi quando chegou uma certa Madalena, soberba sinhazinha, que entrou por último, belíssima, arrancando suspiros dos presentes, com uma elegância que demonstrava a opulência que tinha. Ela atravessou a nave, e foi prostrar-se aos pés da imagem de Nossa Senhora. Mal se acomodara, uma negra – e ainda por cima escrava! – chegou e se colocou em oração ao lado, fazendo sua figura contrastar vivamente com os aristocráticos adornos que usava. Ela olhou para a cativa, reparou que no seu colo pendia um rosário de contas de lágrimas de Nossa Senhora, e para achincalhar a infeliz, exclamou: "antes quisera ter uma cobra enroladinha ao pescoço que esse feio enfeite de contas de lágrimas". Impotente para contradizer, restou à pobre negra murmurar: "Deus a ouça, minha branca". E a celebração começou.

O padre já havia pronunciado o *introito* quando uma expressão de terror encheu o recinto: uma cobra, enorme, encontrava-se enrodilhando o pescoço da soberba, que, tomada pelo terror, tentava em vão desvencilhar-se. A celebração foi interrompida, e ninguém, nem mesmo o cura, conseguiu libertar a castigada. "Só um bispo poderá livrá-la do castigo divino", recomendou-lhe afinal o sacerdote. A moça baixou a cabeça e debandou desesperada por lugares ermos, a procurar um bispo que a livrasse do réptil. Com as vestes rasgadas pelos espinheiros, a pele branca escurecida pelo sol abrasador, coberta de andrajos, parecia a personificação da loucura a vagar... a vagar à procura de um bispo. Encontrando-o, enfim, ouviu dele o pedido para trazer, no dia seguinte, um saco de algodão descaroçado com suas próprias mãos. A desgraçada assim o fez, e o velho prelado retirou então a cobra, colocou-a dentro do surrão e devolveu à penitente, dizendo-lhe: "Este saco, conduzi-lo-á através do mundo; não o deixarás um instante; é o supremo castigo do teu orgulho". Sem dizer palavra, a pobre criatura tomou o seu fardo e rumou para os mesmos lugares ermos de onde viera. E foi vagando, vagando... um pouco antes de avistar o casario natal, adormeceu a beira duma estrada e não mais despertou para a vida.[144]

Em outras regiões do país contos análogos se repetiam, comprovando o quanto a figura de Maria inspirava o desejo de resgate da população escrava. No Rio Grande do Sul, uma das lendas mais conhecidas é a do "Negrinho do Pastoreio", que alguns interpretam como sendo a expressão da "força espiritual de toda uma teologia popular".[145]

Falando do relato em si, bem de acordo com a linguagem e o gosto correntes, diz-se: "era uma vez um estancieiro perverso e egoísta que só tinha os olhos para o filho igualmente mau, para o seu cavalo baio e também para o pequeno escravo chamado por todos apenas de Negrinho". Um dia, o dito estancieiro marcou uma aposta de corrida de cavalos com um vizinho e escolheu o negrinho para montar no seu animal. Ciente do castigo que o esperava caso perdesse, o negrinho suplicava: valha-me, Virgem Maria! Porém, próximo à linha de chegada, o baio empacou e o rival venceu a corrida. Voltando para casa, o estancieiro furioso mandou espancar o pequeno escravo com o relho, e, depois forçou-o a pastorear a sua tropilha de trinta tordilhos negros. Ao relento, o menino chorava; mas pensando na sua madrinha, Nossa Senhora, sossegou e dormiu. Enquanto dormia, os guaxinins farejaram e cortaram a guasca da soga, soltando o baio que disparou num galope pela noite escura e não pôde ser capturado. Por causa disso, o fazendeiro o amarrou e surrou novamente, obrigando-o a partir de novo em busca. Neste ponto se diz que ele teria acendido um toco de vela e que cada gota que caía transformava-se num facho de luz. Assim, o negrinho achou o pastoreio. "E se riu..."

A história prossegue e acrescenta que o pequeno se deitou novamente sobre a relva e sonhando com a Virgem, sua madrinha, dormiu. Porém

[144] A. M. Araújo M. e V. J. Taborda, *Antologia ilustrada do folclore brasileiro*, vol. VII, p. 116-119.

[145] L. C. Susin, "O Negrinho do pastoreio - leitura teológica de uma lenda", em: *REB*, vol. 48, fasc. 189, p. 124-127; 130-132.

entra em cena o filho perverso do estancieiro, que chegando furtivamente enxotou os cavalos que dispersaram. O negrinho acordou, perdeu o pastoreio. "E chorou..." Desta vez o estancieiro resolveu dar-lhe uma lição definitiva. Amarrou-lhe os pulsos a um palanque e o espancou brutalmente com o relho até que não se ouvisse mais o seu pranto. Entre os atrozes suplícios, a pobre criança teria invocado a sua madrinha pela última vez e suspirou... estava desfalecido, mas não morto; contudo, o seu corpo ensanguentado foi atirado em um formigueiro para ser devorado vivo. Após isso, seu patrão foi embora sem olhar para trás...[146]

Esse relato acabou sendo submetido a uma interessante análise de frei Luiz Carlos Susin, para quem, por intermédio do personagem principal, se levou a cabo uma apropriação da história sagrada: a corrida perdida seria uma adaptação do pecado original, e o sofrimento inocente uma inspiração na visão da Jerusalém que mata o servidor (Lc 19,41). Por sua vez, a morte representaria a *kénosis* do negrinho, com iguais silêncio e prece não escutada. Como Cristo, também ele é um abandonado.[147]

A história continua: "três" dias de cerração se sucedem e, depois, o senhor volta ao formigueiro a fim de ver o que restava da vítima. Para sua surpresa encontrou o negrinho de pé, ao lado do cavalo baio, e junto dele, Nossa Senhora, Virgem tão serena, pousada na terra, mas mostrando que estava no céu... "E o negrinho não chorou nem riu". Ante tal visão, o estancieiro caiu de joelhos diante do escravo.[148]

Essa passagem, segundo Susin, seria a "glorificação" do pequeno escravo. O ponto original e inusitado desse relato é que é Maria quem salva e redime a pobre vítima, e a propósito, do Criador praticamente não se fala. O certo é que o "Negrinho do Pastoreio" é uma figura e um vestígio real de santidade dos negros escravizados, abrindo a possibilidade de

[146] L. C. Cascudo, *Lendas brasileiras*, p. 55-61.
[147] L. C. Susin, "O Negrinho do pastoreio – leitura teológica de uma lenda", p. 134-137.
[148] L. C. Cascudo, *Lendas brasileiras*, p. 61.

outra história mais justa.[149] Compreensivelmente, a narrativa se conclui com uma linguagem plena de significado: "O negrinho anda sempre à procura de objetos perdidos, pondo-os de jeito a serem encontrados pelos donos, quando estes acendem uma vela, cuja luz ele leva para o altar da Virgem, Senhora Nossa, madrinha dos que não a tem..."[150]

3. Nossa Senhora Aparecida – um rosto profético?

No século XVIII, foi elaborada uma verdadeira ideologia racista, que apelando a argumentos pseudocientíficos, a partir da diferença dos caracteres somáticos, concluiu que os povos não brancos submetidos eram "intrinsecamente inferiores", no que se referia às faculdades mentais, morais e sociais. E tais especulações aconteciam justamente no período em que a palavra "raça" era usada pela primeira vez para classificar seres humanos sob o ponto de vista biológico. Isso sem se esquecer que tampouco faltaram aqueles que tentavam justificar "teologicamente" a escravidão. Isso acontecia sobretudo por meio da manipulação do livro do Gn. 9, 25 - 27, quando se tentava fazer crer que a "maldição de Cam" teria se estendido a todos os negros africanos.[151]

O assunto acabou tendo tal difusão que incomodou até o poeta Antônio Castro Alves (1847 – 1871), que fez dele um argumento da sua poesia intitulada "Vozes d'África". Pela mesma razão, é possível que o episódio de Aparecida tenha tido uma importância maior do que geralmente se admite. A propósito, a história da futura padroeira

[149] L. C. Susin, O Negrinho do pastoreio – leitura teológica de uma lenda", p. 139-153.

[150] L. C. Cascudo, *Lendas brasileiras*, p. 63.

[151] Foi o protestantismo norte-americano quem mais se utilizou ideologicamente dessa passagem bíblica, embasando inclusive o discurso e as práticas da tristemente célebre "Ku-Klux-Klan", entidade que defendia a criação de uma sociedade estadunidense "pura", composta de "brancos, anglo-saxões e protestantes" ("WASP"). O fato, pelas suas manifestações violentas, acabou inspirando algumas cenas do filme "Mississipi Burning" ("Mississipi em chamas"), produzido por Frederick Zollo e Robert Colesberry, sob regência de Alan Parker. A obra recebeu aplausos do público e da crítica, sendo indicada para o "Oscar" de melhor filme de 1988; mas a premiação terminou concedida a "Rain Man".

do Brasil começou na Metrópole aos 8-12-1646, quando Dom João IV declarou a Imaculada Conceição "padroeira de Portugal, das terras do além-mar e do Brasil". A partir de então a devoção e imagens da Imaculada se difundiram pelas terras brasileiras e, um dos escultores do período, Frei Agostinho de Jesus (1600? – 1661) esculpiria graciosas imagens de cerâmica da Virgem e, segundo quanto se acredita, uma delas, por razões ignoradas, foi parar no fundo do rio Paraíba, à altura do porto de Itaguaçu, localizado nos limites do atual município de Guaratinguetá.[152]

Tempos depois, no ano de 1717, Dom Pedro de Almeida (1688-1756), 4º Conde de Assumar, governador da Capitania de São Paulo e Minas Gerais, passou pela cidade e a câmara promoveu um lauto banquete em sua homenagem. Para a boa realização do evento, os edis ordenaram aos pescadores do lugar que lhes trouxessem todo o peixe que conseguissem pescar. Assim foi feito, mas os três solicitados – Domingos Martins Garcia, João Alves e Felipe Pedroso – apesar de lançarem as redes repetidas vezes, nada conseguiam. Numa dessas investidas resgataram o corpo decepado de uma imagem e, logo depois, a cabeça, ambas enegrecidas pelo longo contato com as águas, ao que se seguiu abundante pescaria. Felipe Pedroso, muito religioso, conservou a estátua em sua casa por seis anos, primeiro em Lourenço de Sá, depois em Ponte Alta e Itaguaçu, lugares onde residiria sucessivamente. Em Itaguaçu a doou a seu filho Atanásio Pedroso, que fez um oratório para colocar a Senhora e rezar nos sábados com os fiéis das redondezas. Foi aí que começaram as notícias de milagres, que aumentaram a fama da imagem por toda a região. Em 1743, o bispo diocesano do Rio de Janeiro, Dom João da Cruz Salgado de Castilho (1695-1756), deu licença para a construção da capela,[153] em breve substituída por outra maior. A devoção cresceu continuamente e, aos 16-7-1930, o papa Pio XI a proclamou

[152] J. Brustoloni, *Milagres de Nossa Senhora Aparecida*, p. 9-21.
[153] A. E. Zaluar, *Peregrinação pela Província de São Paulo (1860 - 1861)*, p. 85-90.

padroeira do Brasil. Finalmente, aos 4-7-1980, o papa João Paulo II, em visita ao Brasil, consagrou o novo e monumental santuário que conserva a imagem original.[154]

Tudo isso convida a refletir sobre as possíveis razões da enorme popularidade de Aparecida. Um dos motivos que, geralmente, tem sido usado como explicação, aponta para o perfil profético da imagem, cuja "cor", por si mesma, teria se constituído numa força simbólica catalizadora dos sofrimentos e esperanças dos deserdados negros e mestiços das vizinhanças e, mais tarde, de grande parte do país. Sobre isso, o testemunho de Augusto Emílio Zaluar (1826-1882), português emigrado para o Brasil em 1850, e que visitou a capelinha, é esclarecedor: "Para quem mais há de levantar os olhos o infeliz que sofre ao desamparo? A quem invocar no transe das amarguras supremas aquele que não tem senão o céu que o ampare e a religião que o console e proteja contra o destino?" Zaluar ficou particularmente tocado pela "sala dos milagres", onde se encontrava a "simbólica epopeia de todos os martírios e de todas as dores que angustiam a existência humana". Entre os objetos expostos, chamou particularmente sua atenção os grilhões arrebentados pendurados na parede, usados para deter pessoas.[155]

Hoje se afirma que tais instrumentos de tortura prendiam o negro Zacarias, milagrosamente libertado justo naquele ano, segundo a tradição popular, pela intercessão direta da Virgem. Essa história ganha uma importância especial, porque o personagem em questão era um escravo fugido e capturado, que pediu ao patrão para entrar na capela da Senhora no momento em que era reconduzido ao cativeiro. Foi aí que sucedeu o referido milagre. Outro particular nada secundário é que, segundo a mesma tradição, também a atitude do fazendeiro mudou, tendo ele depositado sobre o altar o preço que o cativo valia, deixando-o igualmente livre.[156]

---

[154] C. Caliman, *Teologia e devoção mariana no Brasil*, p. 14.
[155] A. E. Zaluar, *Peregrinação pela província de São Paulo*, p. 85-88.
[156] M. P. Böing, *Nossa Senhora Aparecida, a padroeira do Brasil*, Edições Loyola, São Paulo 2007, p. 22.

4. A Virgem Maria na arte dos negros e dos mestiços

Afora certas produções indígenas pré-coloniais, geralmente elaboradas em lenho e cerâmica, a arte no Brasil começou a se desenvolver após o início regular da colonização. O maneirismo não tardou a ser implantado, mas o número de obras que produziu foi bastante limitado, figurando, dentre elas, a velha Sé da Bahia. Por isso, o estilo de cultura por excelência do período colonial, que se estendeu até o início do século XIX, foi o barroco. Os responsáveis por sua introdução foram principalmente os religiosos, a exemplo dos jesuítas, presentes a partir de 1549, aos quais se seguiram os carmelitas em 1580, os beneditinos em 1581 e os franciscanos, chegados para ficar em 1584 (apesar de terem sido os primeiros a desembarcar e missionar Brasil). A diversidade de clima e de material disponível para as construções, por sua vez, tornaram-se fatores de peso para o abrasileiramento.[157]

Nos anos de 1600 o barroquismo passou a contar com a participação de africanos, já conhecedores de instrumentos para trabalhar a madeira e, enquanto isso, os regulares escolheram figuras centrais para ensinar a doutrina, como Cristo e Nossa Senhora. Essa opção, naturalmente, ensejou também a escultura de imagens.[158]

Com o passar do tempo, o supracitado abrasileiramento se acentuou, até conduzir a uma arte autóctone. Daí, motivos tropicais foram incorporados, até porque a influência negra se tornou sempre mais sentida. Elementar: os africanos e seus descendentes foram convocados para as obras religiosas e nelas deram vazão à sua criatividade, que encontrou na figura da Mãe de Deus um meio privilegiado para tanto. Minas Gerais se tornou o lugar em que a brasilidade barroca atingiu a plenitude, ainda que, como já se disse, "nas Minas, a cultura barroca foi reinventada à luz das particularidades

---

[157] V. Civita, *Arte nos séculos*, vol. V, Abril Cultural, São Paulo 1969, p. 1288.

[158] P. M. Bardi, *Em torno da escultura no Brasil*, Raízes Artes Gráficas, São Paulo 1989, p. 34.

locais".[159] A razão principal disso foi que, por lá, gradualmente a arte se transformou num ofício de cativos e negros libertos. Noutras partes do Brasil houve produções "não alinhadas" a essa tendência, como as obras do Frei Ricardo do Pilar (c.1635-1700), beneditino de Flandres ou as pinturas dos holandeses Frans Janszoon Post (1612-1680) e Albert Eckout (1610-1666); mas isso não eliminou a supremacia de negros e pardos. Tanto assim que as "escolas" baiana e fluminense do século XVIII eram praticamente monopolizadas por eles.[160]

Isso ensejou que na figura da Mãe de Cristo os mencionados artistas manifestassem os padecimentos de toda a comunidade, ao representarem mulheres submetidas a aflições pungentes, como as Senhoras da piedade e das dores. No entender de João Camilo Oliveira Torres, eles eram homens que "pecavam, sofriam e apelavam para a misericórdia divina. E a quem eles recorreram senão à Virgem Maria, que a Igreja lhes oferecia em mil formas como consoladora e amparo?"[161]

Não é exagerado afirmar que a atmosfera na qual germinou esse ânimo barroco, era emocional, pois, diversamente da cultura renascentista, centrada na razão, o novo estilo optou pela imaginação. Vale dizer: ele não se voltava para a elite erudita, manifestando-se invés num esforço em ampla escala para arrebatar coletividades, "exaltando espíritos pela miríade de estímulos sensoriais e choques de emoções". Foi concebido, portanto, "para articular as contradições". Em outras palavras, a arte barroca nacional retratou "os extremos de brutalidade e privação" a que estava submetida a sociedade nos tempos da colônia. Isso leva Nicolau Sevcenko a sentenciar: "A arte barroca tem que ser vista com os olhos da alma".[162] Com efeito, o próprio papa João Paulo II afirmou em 1995:

[159] A. Romeiro – A. V. Botelho, *Dicionário histórico das Minas Gerais*, p. 69.
[160] Cf. F. Acquarone, *Mestres da pintura no Brasil*, p. 11-12.
[161] J. C. O. Torres, *Interpretação da realidade brasileira*, p. 140-142.
[162] A. M. N. M. Beluzzo et alii, *Brasil barroco entre céu e terra*, União Latina, [lugar de publicação não citado] 1999, p. 66-67.

> A presença de elementos negros na arte sacra barroca do período colonial, que deixou tão belos monumentos da arquitetura e escultura religiosa, na música sacra e profana e nos festejos da religiosidade popular; marcou de modo inconfundível as expressões culturais mais autênticas desta sociedade multirracial, que é o Brasil.[163]

4.1. A arquitetura e a escultura

Como se viu, durante a maior parte do período colonial, considerável número de pintores e entalhadores, negros e mestiços, se deram à produção barroca, levando a cabo espetacular criação de esculturas sacras, nas quais imperava a "livre inspiração". As irmandades de negros e pardos patrocinavam as obras e o número de artistas não brancos só cresceu. O fato deu aso uma versão "africanizada" da Virgem Maria, ocasionando a confecção de imagens de Nossa Senhora do Rosário com face e mãos negras.

O Mestre Valentim e Antônio Francisco Lisboa, mais conhecido como "Aleijadinho", foram nomes de relevo nessa arte original. Ambos nasceram em Minas, filhos de pais brancos e mães escravas, sendo que Valentim, cujo nome completo era Valentim da Fonseca e Silva (1745-1813) manifestou particular talento como entalhador, arquiteto e urbanista. Ele aprendeu tais ofícios depois que seu pai o levou para Portugal em 1748, e, quando regressou, por volta de 1770, fixou residência no Rio de Janeiro, onde se filiou à irmandade de Nossa Senhora dos Homens Pardos. Em 1772 foi incumbido da decoração interna da igreja de Nossa Senhora do Carmo, ao que se seguiu sua contratação para colaborar nas obras públicas do Rio de Janeiro. Quem o fez foi o vice-rei, Dom Luís de Vasconcelos e Souza (1742-1809), 4º Conde de Figueiró, durante sua gestão, durada de 1779 a 1790.[164] Valentim, no exercício desse encargo, conduziu, por

[163] João Paulo II, *Confirma teus irmãos*, Edições Loyola, São Paulo, p. 112-113.

[164] N. Bohrer, *Conde de Avillez - O Cavaleiro e o rei*, Edição do Autor, Rio de Janeiro 2010, p. 209.

exemplo, as obras de reconstrução do Recolhimento de Nossa Senhora do Parto, arrasado por um incêndio em 23-08-1789, coisa que, aliás, seria documentada em tela por João Francisco Muzzi.[165] Mas, no final de sua vida, Mestre Valentim se encontrou em situação de penúria econômica, vindo a expirar numa humilde casinha da rua do sabão, no Rio de Janeiro, em 01-03-1813. Seu corpo foi sepultado na igreja do Rosário.[166]

No que diz respeito a Aleijadinho, ele é considerado um dos maiores escultores brasileiros de todos os tempos. Nascido em 20-08-1730, na freguesia de Nossa Senhora da Conceição de Antônio Dias, filho da relação adulterina havida entre o português Manoel Francisco da Costa e a escrava Isabel,[167] recebeu a alforria no ato do batismo. Aprendeu depois arquitetura prática com seu genitor e desenho com o ourives João Gomes Batista;[168] mas a instrução escolar a que teve acesso ficou limitada às primeiras letras e jamais superou os limites geográficos de Minas Gerais. Ainda assim, as manifestações de seu talento, sensível e independente, superaram tais limites, tendo conseguido romper de vez com os modelos portugueses. Por essa razão, a produção artística do Aleijadinho é apontada como sendo uma referência exordial da emancipação da arte brasileira.[169]

A partir de 1777, porém, uma moléstia ainda não completamente definida, quiçá provocada por excessos venéreos, começou a lhe deformar progressivamente o corpo, além de o impedir de caminhar. Isso lhe valeu a alcunha que o tornou célebre – Aleijadinho – e também o tornou irritadiço e solitário. Daí para frente passou a trabalhar às escondidas, auxiliado pelos escravos entalhadores Maurício, Agostinho e Januário. Nesse período produziu temas bíblicos e hagiológicos, como os doze profetas de Congonhas do Campo, além de ter projetado importantes

---

[165] L. Silva, *Memórias do urbanismo na cidade do Rio de Janeiro (1778-1888)*, FAPERJ, Rio de Janeiro 2012, p. 16.
[166] J. Fernando, *O Aleijadinho*, p. 45-48.
[167] C. Rubens, *Pequena história das artes plásticas no Brasil*, p. 317.
[168] P. C. Gismondi, *Tentativa de uma pequena história da arte no Brasil*, p. 20.
[169] C. Rubens, *Pequena história das artes plásticas no Brasil*, p. 317-319.

igrejas. No caso específico da Virgem Maria, a ela dedicou esculturas conhecidas, como a que se encontra incrustrada na portada da igreja São Francisco de Assis de Ouro Preto. O conjunto de sua vida e obra levaria outro mineiro, o incrédulo Carlos Drumonnd de Andrade (1902-1987), a dizer: "Este mulato de gênio/ lavou na pedra sabão/ todos os nossos pecados,/ as nossas luxúrias todas/ e esse tropel de desejos,/ essa ânsia de ir para o céu/ e de pecar mais na terra..."[170]

Os momentos derradeiros da vida do "Aleijadinho" foram particularmente penosos. Ele trabalhava na igreja de Nossa Senhora do Carmo, quando o seu estado de saúde piorou irremediavelmente. Foi então que do livro de Jó 2,7 extraiu as palavras que imprimiu num medalhão: "*Satan a facia Domini percussit Job ulcere pessimo, a planta pedis*" ("Satanás retirou-se da presença do Senhor e feriu Jó com uma lepra maligna, desde a planta dos pés até o alto da cabeça"). Acolhido na modesta casa de sua nora Joana Lopes, teria ficado entrevado, com o corpo coberto de úlceras e quase cego; mas, segundo consta, encontrou lenitivo na oração. Aos 18-11-1814 expirou, sendo seu corpo enterrado na igreja matriz de Nossa Senhora da Conceição de Ouro Preto.[171]

4.2. A pintura barroca

No ambiente barroco setecentista, a presença de pintores brancos também foi bastante numerosa, sobretudo no ambiente carioca. Como os demais, eles estavam igualmente integrados no "caldo cultural" da época, em razão do que normalmente jamais são citados a parte, coisa que acontece também aqui. Esclareça-se ainda que, afora Minas e Rio, a mesma arte marcou época em várias outras capitanias, tipo Bahia, Pernambuco e São Paulo. Em se tratando do Pernambuco, nos anos de 1700, Recife superou de vez

[170] V. Civita (editor), *Arte nos séculos*, vol. V, Abril Cultural, São Paulo SD, p. 1292-1294.

[171] C. Rubens, *Pequena história das artes plásticas no Brasil*, p. 318.

Olinda como centro comercial. Depois, na condição de capital da capitania, ao interno de seu perímetro urbano, foram elaboradas pinturas admiravelmente emolduradas, como as da igreja de Nossa Senhora da Conceição dos Militares, situada à Rua Nova, no bairro de Santo Antônio, bem no centro da cidade. Quanto a Salvador da Bahia, esta abrigou vários pintores de talento, entre os quais José Joaquim da Rocha (c.1837-1807), considerado o fundador da Escola Baiana de Pintura, malgrado sua biografia seja cheia de lacunas. Dominando com maestria a arte da perspectiva, ele pintou o teto da nave de Nossa Senhora da Conceição da Praia, tendo ainda trabalhado em mais algumas, como as igrejas de Nossa Senhora do Rosário dos Pretos e de Nossa Senhora da Palma. Sempre na Bahia, a arte mariana conheceu outros mestres geniais, tipo Veríssimo de Souza Freitas (c.1758-1806), pardo, discípulo de José Joaquim da Rocha, autor do teto da nave da igreja do convento de Nossa Senhora da Lapa e obras mais.[172]

No caso de Minas Gerais, o exemplo maior de pintura mariana de seu imenso acervo é a Assunção de Nossa Senhora, realizada no teto da igreja de São Francisco de Assis, em Outro Preto, pelo pintor Manoel da Costa Athaíde (1762-1830). Ali é retratada uma Virgem mestiça, que é elevada ao céu tendo ao seu redor vários anjinhos de análoga coloração. Criações similares, aliás, repetiam-se com certa frequência em solo mineiro, e também em Diamantina, na igreja de Nossa Senhora do Rosário, sobre o altar-mor seria colocada uma imagem preta da Virgem Maria, rodeada nos altares laterais por santos igualmente escuros.[173]

Outro fato de grande importância acontecido a partir da segunda metade do século XVIII foi o papel político e cultural conquistado pelo Rio de Janeiro. Nesse período, numerosos pintores se estabeleceram lá, o que incentivou a Escola Fluminense de Pintura, instituída no século precedente por Frei Ricardo do Pilar. Nela, José de Oliveira Rosa (c.1690-1769) se tornou o chefe, tendo produzido vasta obra, no que se

172 E. Sacramento (Org.), *Brasil 500 anos, a arte no ciclo do ouro*, p. 20-21.

173 A. Saint-Hilaire, *Viagem pelo distrito dos diamantes e litoral do Brasil*, p. 28; F. DENIS, *Brasil*, p. 361.

inclui a pintura do teto da capela-mor da antiga igreja das carmelitas, retratando a Virgem do Monte Carmelo. Ele também deixou discípulos, a exemplo do italiano João Francisco Muzzi (? – 1802), criador de obras de grande valor documentário.[174]

São Paulo também teve pintores pardos de envergadura, com destaque para José Patrício da Silva Manso (c.1753-1801) e seu ex-aluno, Frei Jesuíno do Monte Carmelo (1764-1819). Silva Manso, dentre outras obras, foi o responsável pela decoração do forro de uma das capelas da igreja de Nossa Senhora da Candelária de Itu, enquanto que o frade carmelita Frei Jesuíno se tornaria responsável pela elaboração de uma originalíssima pintura da Virgem do Carmelo no teto de uma homônima igreja da mesma cidade. Trata-se deveras de uma obra revolucionária, que ignora os cânones europeus, retratando Nossa Senhora com uma tez morena segurando o filho nos braços.[175]

4.3. A música

Os primeiros acordes da música sacra cristã em solo brasileiro foram executados em 26-04-1500, domingo, no Ilhéu da Coroa Vermelha, durante a missa celebrada por frei Henrique Álvares O.F.M. (c.1465-1532), natural da cidade de Coimbra. Na ocasião, frei Pedro de Melo dirigiu os cantos, enquanto frei Maffeo exercitava seus dotes de organista. Também um grupo de índios presenciou aquele que para eles era um inédito ritual, fato este que foi bem documentado na célebre carta de Pero Vaz de Caminha (1450-1500), escrivão da frota:

> Ao domingo de Pascoela, pela manhã, determinou o Capitão de ir ouvir missa e pregação naquele ilhéu, e mandou a todos os capitães, que se corrigissem nos

---

[174] E. Sacramento (Org.), *Brasil 500 anos, a arte no ciclo do ouro*, p. 21.

[175] N. Marcondes – M. Bellotto (Org.), *Labirinto e nós: imagem ibérica em terras da América*, Editora UNESP, São Paulo 1999, p. 113.

> batéis e fossem com ele, e assim foi feito. Mandou naquele ilhéu armar um esparavel, e dentro dele alevantar altar mui bem corrigido, e ali, com todos os outros, fez dizer missa, a qual disse o padre Frei Henrique, em voz entoada e oficiada com aquela mesma voz pelos outros padres e sacerdotes, que ali todos eram, a qual missa, segundo meu parecer, foi ouvida por todos com muito prazer e devoção.[176]

No período sucessivo, a musicalidade indígena praticamente se perdeu e, se de um lado os negros conseguiram enriquecer enormemente o repertório popular, o mesmo não se deu com a música sacra erudita, cujas linhas mestras conservaram o cunho português. Entretanto, o cantochão, introduzido pelos jesuítas, produziu algumas adaptações interessantes. De qualquer modo, é bastante limitada a pesquisa sobre o conteúdo "teológico" da música lírica mariana brasileira, que, na maioria das vezes, se restringe à análise histórica e técnica. Vale ressaltar ainda que mestiços e negros deixavam de fora manifestações de matriz "afro" em suas obras, ao contrário de quanto acontecia na escultura e na pintura. Uma explicação possível para tanto é dada pelo historiador e musicólogo Vasco Mariz, para quem, sobretudo no caso dos pardos, pela proximidade que tinham da matriz europeia, eles evitavam todos os vínculos com o continente africano.[177] Outro fato que certamente pesou foi o conferimento de ordens sacras a negros e pardos, ainda que não se saiba exatamente quando isso tenha começado.[178]

4.3.1. A música mariana de Minas Gerais

Chegado o ano de 1693, Antônio Rodrigues Arzão (? – 1730), um paulista natural da Vila de Taubaté, encontrou jazidas auríferas em

---

[176] T. de Castro, *História documental do Brasil*, 2ª ed., Distribuidora Record, Rio de Janeiro SD, p. 23.

[177] V. Mariz, *História de la música en Brasil*, p. 10 –21.

[178] Um dos grandes equívocos da pesquisa histórica, quando se trata de abordar a problemática da ordenação sacerdotal de negros e pardos no Brasil, é aquele de dar excessiva importância ou, mais grave ainda, de considerar somente o parecer emitido por Louis François de Tollenare no período em que ficou no Brasil (1816-1818). No caso, além de observação desse viajante ter se circunscrito à realidade do Pernambuco, ele honestamente admitiu que apenas "presumia" o que afirmou: "Presumo que aqui os negros e mulatos não podem entrar nas ordens sacras; vi apenas alguns que se tinham ordenado padres e usavam batina; mas eram da costa da Angola, onde a sua elevação às dignidades da Igreja não encontra dificuldades" (L. F. Tollenarei, *Notas dominicais*, p. 149).

Minas Gerais, provocando verdadeira reviravolta na colônia brasileira. O motivo foi óbvio: a sedutora perspectiva da riqueza rápida induziu pelo menos 300 mil portugueses a se deslocarem para lá, e o próprio comércio de escravos acabou sendo igualmente reorientado. Ao mesmo tempo, numerosos artesãos, agricultores, pecuaristas e profissionais de diversas áreas igualmente migraram, colaborando também para criar as indispensáveis estruturas dos centros de mineração.[179]

Lugarejos despontaram, a exemplo do Arraial do Ribeirão do Carmo (a atual Mariana); mas também eclodiram conflitos, como a guerra dos emboabas entre paulistas e portugueses, de 1707 a 1709, e a sedição de Vila Rica em 1720, comandada por Filipe dos Santos (c.1680-1720), sendo que este último terminou executado de modo bárbaro depois. A organização política de igual modo evoluiu, pois Portugal, visando melhor arrecadar o famoso "quinto" da produção do ouro que afirmava lhe caber, inclusive, criou, em 1714, as quatro primeiras comarcas, que foram "Rio das Velhas", sediada na Vila Real de Nossa Senhora da Conceição de Sabará (a atual Sabará); "Vila Rica" (a hodierna Ouro Preto), que, junto da Vila do Ribeiro do Carmo, formava a unidade de igual nome; "Serro Frio", compreendendo a Vila do Príncipe e Fanado, e "Rio das Mortes" (tendo seu centro em São João del Rei). Um ano depois, também Paracatu se tornaria comarca.[180]

Uma nova e importante mudança aconteceria em 1722, com a elevação de Minas Gerais à condição de capitania autônoma, separada de São Paulo e ligada diretamente a Lisboa. Vivia-se então no "século do ouro", em que a extração do precioso metal atingiria, entre 1740 e 1750, a cifra de 15 toneladas anuais, correspondente a mais de 50% de todo o montante do planeta. Calcula-se, aliás, que o total da produção aurífe-

[179] Cf. L. Edmundo, *Recordações do Rio Antigo*, p. 94-96.

[180] S. M. de Magalhães, *A mesa de Mariana: produção e consumo de alimentos em Minas Gerais (1750-1850)*, ANNABLUME, São Paulo 2004, p. 45.

ra no século XVIII tenha atingido no Brasil a casa das 982 toneladas, 72,5% delas provindas de Minas, 19,8% de Goiás e Mato Grosso, e o restante de São Paulo, Bahia e Ceará.[181]

Enquanto o ouro era abundante, muitos senhores se deleitavam com a música, que, em certos casos, atingiu notável qualidade. Esse movimento musical veio a atingir o apogeu entre 1787 e 1790, fascinando até mesmo alguns estrangeiros. Conta-se que um viajante dos Estados Unidos passou por uma casa-grande de Minas e ficou encantado quando assistiu à apresentação de uma orquestra de negros, harmoniosamente composta por violinos, flautas, trombones e órgãos. Para completar, também um coral de negrinhas entrou em cena, cantando em latim a antífona mariana *Stabat Mater*![182]

Tenha-se presente que as exibições musicais em Minas contavam com grande participação, e o evento tinha, sim, um ar religioso. Vale dizer, não só se homenageava dignamente a Virgem –, cuja imagem, quer seja no templo, quer seja no local de reunião da irmandade ou mesmo nas residências, merecia lugar de destaque –, como dava prestígio a quem encomendava a peça e os músicos.[183] Nos círculos da música lírica mineira, vários autores desenvolveram temas marianos, a saber:

a) José Joaquim Emerico Lobo de Mesquita (1746 - 1805): nascido na Vila do Príncipe (a hodierna Serro), era filho natural do português José Lobo de Mesquita e da escrava Joaquina Emerenciana. Libertado ao nascer, ainda criança, foi iniciado na música sacra pelo Pe. Manuel da Costa Dantas. Entre 1783 e 1784 se deslocou para o Arraial do Tejuco (hoje, Diamantina) e dali, anos depois, para Vila Rica. Ele desenvolveu um estilo musical que revelava certa influência de Pergolesi e Mozart, tendo escrito mais de 300 peças religiosas, das quais restam apenas 40. Ainda assim, muitos musicólogos consideram-no o maior compositor

[181] E. Sacramento (Org.), *Brasil 500 anos. A arte no ciclo do ouro*, Novagência Editora e Comunicação, São Paulo 2000, p. 9.

[182] R. T. Lima, *Vida e época de José Maurício*, p. 26.

[183] E. C. Barbosa, *O ciclo do ouro, o tempo e a música do barroco católico*, p. 28.

lírico brasileiro do século XVIII. Seus trabalhos marianos mais conhecidos: *Antífona de Nossa Senhora* (Salve Regina) de 1787, uma *Litania em honra da Beata Virgem de 1783*, o *Ofertório de Nossa Senhora* (Benedicta et venerabilis es) e a *Beata Mater* (de data desconhecida). Em 1800 Emerico se mudou para o Rio de Janeiro e lá faleceu cinco anos depois. As composições que deixou tiveram tal importância, que uma delas seria executada na missa exequial da imperatriz Leopoldina, falecida em 1826.

b) Marcos Coelho Neto (1740 - 1823): nasceu em Vila Rica, filho de um músico de igual nome. Membro da irmandade de São José dos Homens Pardos, exerceu grande atividade na regência musical de 1808, até porque era também compositor e trompetista. De sua obra resta 1 hino, 3 missas e 3 ladainhas. O hino em questão, cantado a quatro vozes, chama-se *Maria Mater Gratiae*;

c) Francisco Gomes da Rocha (? - 1808): também originário de Vila Rica, foi compositor, cantor e regente. Filiado à irmandade de São José dos Homens Pardos, ele sucedeu a José Joaquim Emerico Lobo de Mesquita como regente e organista da Ordem Terceira do Carmo de sua cidade natal, quando aquele foi viver no Rio de Janeiro. Das composições de Gomes da Rocha bem pouco restou, sendo uma delas a *Novena de Nossa Senhora do Pilar*, cantada a quatro vozes.

d) Ignácio Parreiras Neves (1736 - 1790? 1793?): nascido e falecido em Vila Rica, era compositor e cantor, tendo atuado nas irmandades de Nossa Senhora dos homens pardos. A sua música, infelizmente, é hoje quase toda desconhecida; mas, dentre as poucas que sobraram, consta a antífona *Salve, Regina*, cuja data de composição é incerta.

e) Manoel Dias de Oliveira (1745 - 1813): natural de São José del Rei (Tiradentes), era mestiço, filho provável do organista Lourenço Dias com uma escrava. Dentre suas obras marianas, figuram o hino *Visitação de Nossa Senhora*, a 8 vozes; e um *Magnificat* em ré.[184]

[184] Cf. V. Mariz, *Historia de la música en Brasil*, p. 18-24.

A música sacra das Gerais era quase sempre homofônica, não sendo obrigatória a presença do baixo contínuo. Seu conteúdo denota igualmente que os compositores possuíam bom conhecimento de latim e liturgia. Mas, nas últimas décadas do século XVIII, essa cultura musical declinou devido ao exaurimento dos veios minerais e dos problemas políticos com a Metrópole. Os músicos mineiros gradualmente se deslocaram então para o Rio de Janeiro, feita capital do Vice-Reino em 1763.[185]

4.3.2. A música mariana do Rio de Janeiro

Trata-se de uma história bem conhecida: o príncipe regente português, João de Bragança (1767-1826), tentou burlar o bloqueio continental imposto por Napoleão Bonaparte (1769-1821) contra a Inglaterra em 21-11-1806, ao que imperador francês reagiu ordenando a invasão de Portugal. As tropas bonapartistas chegaram a Lisboa em 30-11-1807, mas a família real, a alta nobreza e a burocracia estatal, num total de mais de 10.000 pessoas fugira para o Brasil, desembarcando no Rio de Janeiro em 08-03-1808.

A despretensiosa capital do vice-reino teve de se adaptar ao seu novo *status* de sede do reino português e várias iniciativas culturais foram levadas a cabo para esse fim. Também em campo político uma mudança fundamental aconteceu em 16-11-1815, com a elevação do Brasil à condição de Reino Unido a Portugal e Algarve. Em meio a toda essa efervescência, o repertório lírico ganhou igualmente destaque, até porque o príncipe regente era grande apreciador dele. Por influência da nobreza, a música profana também começou a marcar presença; mas, no que diz respeito às composições dos negros e pardos, o período não foi dos mais fecundos. Houve, no entanto, algumas iniciativas louváveis, como aquela do resgate da orquestra dos negros escravos da Real Fazenda Santa Cruz, que ainda conservava instrumentos e composições do tempo dos jesuítas, expulsos em 1759. Convertida em residência campestre imperial, Dom

[185] E. C. Barbosa, *O ciclo do ouro, o tempo e a música do barroco católico*, p. 53-55.

João VI se extasiou ao visitá-la, pelas melodias maviosas que lá ouviu. Enternecido, ele montaria, inclusive, para ditos músicos uma escola a fim de que aprendessem a ler e a contar, e mais um curso de música vocal e instrumental, com mestres que nomeou pessoalmente.[186]

Destaque verdadeiro nessa época foi o padre secular José Maurício Nunes Garcia (1767 - 1830). Tratava-se de um mestiço carioca, filho de Apolinário Nunes Garcia, um senhor branco, e Vitória Maria do Carmo, africana da Guiné. Diversamente de muitos músicos da época, seus genitores estavam regularmente casados. Bem cedo ficou órfão de pai, mas isso não inibiu seu precoce talento musical. Ainda adolescente, no ano de 1783, ele elaborou a antífona *Tota pulchra es Maria*, sua primeira obra, seguida quatro anos mais tarde de uma *Ladainha de Nossa Senhora*, que, infelizmente, se perdeu. Ajudado por um negociante, José Maurício conseguiu se dotar de boa cultura humanística e afirmar-se, algo então deveras excepcional. Como ressalta Tavares de Lima, naquele tempo, negro "não era gente", e daí, "quando se falava que um filho de negro desejava estudar, todos os brancos o ridicularizavam".[187]

Apesar do ambiente hostil, e em que pese o fato de jamais ter saído do país, José Maurício, depois de ter sido ordenado padre em 1792, conquistou prestígio, sendo inclusive nomeado mestre de capela da catedral do Rio de Janeiro em 1798. O príncipe João igualmente reconheceria seu talento, confirmando-o na função de mestre da capela real ainda em 1808, o que propiciou ao supracitado padre um período deveras produtivo. Em campo mariano, notabilizaram-se as obras *Stabat Mater* (1809) e a *Missa de Nossa Senhora da Conceição* (1810); mas, em 1811, ao chegar o maestro português Marcos Portugal, ele se viu circundado por intrigas. O recém--chegado, junto de certos membros da nobreza, o hostilizavam, e também Francisco Manuel da Silva (1795-1865), músico da Orquestra Real Câmara, autor do *Hino nacional brasileiro*, ex-aluno do curso de música que

186 L. Edmundo, *A Corte de Dom João VI no Rio de Janeiro*, vol. III, p. 589.

187 R. T. Lima, *Vida e época de José Maurício*, p. 30.

ele fundara em 1795, tornar-se-ia seu antagonista. Entretanto, nem ele nem o maestro Paulo Portugal conseguiram ofuscar o talento do padre.[188]

Admirado e respeitado, José Maurício deixou uma obra portentosa, na que deixava transparecer certa influência de Hayden, Mozart e, depois, também de Rossini. Lamentavelmente, grande parte dessa produção artística desapareceu, incluindo-se a ópera *Le due gemelle*.[189] Resta, contudo, um esplêndido *Magnificat*, bem como vinte missas, duas delas dedicadas à Virgem Maria (a supracitada "Missa de Nossa Senhora da Conceição" e a "Missa de Nossa Senhora do Carmo"). A partida da corte portuguesa em 1821, no entanto, limitou seu campo de atuação, ao tempo em que a saúde começou a ficar abalada. Daí, em situação de pobreza, aos 18-04-1830, Pe. José Maurício expirou numa singela casa da Rua do Comércio, número 18. O seu falecimento, mais o de Marcos Portugal, fez a música sacra entrar em decadência no Brasil, sobretudo na corte.[190]

4.4. O academicismo do século XIX e o ulterior resgate do barroco

Fato raríssimo, talvez único no mundo, o barroco brasileiro, paralelo a obras do rococó, atingiu o início do século XIX. Afinal, um dos maiores pintores barrocos do país, o mineiro Manuel da Costa Athayde, morreria apenas em 1830. Essa arte se encontrava então perfeitamente enraizada na cultura nacional, refletindo com fidelidade usos e costumes correntes. Por isso, o estadunidense Daniel Kidder (1815-1891), na viagem que fez ao Brasil, registrou a emoção sentida pelos negros nas procissões. Num transporte de alegria, ante uma imagem preta de Nossa Senhora, era possível ver um negro exclamar: "lá vem minha parenta!"[191]

---

[188] L. Edmundo, *Recordações do Rio Antigo*, p. 85-107.

[189] R. Almeida, *História da música brasileira*, p. 120.

[190] M. P. Nogueira, *Muito além do melodrama: os prelúdios e sinfonias das óperas de Carlos Gomes*, Editora UNESP, São Paulo 2006, p. 56.

[191] D. P. Kidder, *Reminiscências de viagens e permanências no Brasil*, p. 118.

Episódios assim eram bem demonstrativos de quanto o barroco brasileiro evoluíra e se "nacionalizara", mas o que Kidder presenciou eram já os estertores de uma época, porque um novo estilo de cultura estava sendo imposto. A mudança tivera início após a vinda da família real portuguesa em 1808, pois, Dom João VI, além de modernizar o Rio de Janeiro e tomar várias medidas de interesse econômico e político, quis completar em 1815 suas iniciativas, também em âmbito artístico. Por isso, acedeu à proposta de contratar na Europa artífices e artistas para instituir no Brasil uma escola de ciências, artes e ofícios, segundo os moldes franceses. Pesou, neste particular, a influência de Dom Antônio de Araújo Azevedo (1754-1817), 1º Conde da Barca, um português que emigrara com a família real. Por seu intermédio, Dom Pedro de Menezes, Marquês de Marialva, embaixador extraordinário de Portugal junto à corte Francesa de Luís XVIII, terminou encarregado de levar adiante tal projeto, o que ele fez consultando o prussiano Friedrich Heinrich Alexander von Humboldt (1769-1859). Este apresentou o Marquês a Joachim Lebreton (1760-1819), secretário recém-demitido da Academia de Belas Artes do instituto de França, que, depois dos entendimentos, aceitou liderar a missão que se formava.[192] Os europeus partiram do Havre a bordo do veleiro americano *Calpe*, e chegaram à baía de Guanabara aos 26-3-1816. A partir daí a história das artes no país entraria numa nova fase.[193]

Lebreton morreu no Rio de Janeiro em 1819, sem conseguir fundar o instituto artístico que almejou, mas a influência do academicismo francês triunfou no Brasil, mantendo-se predominante em todos os campos artísticos até o final da *Belle Époque*. Como consequência, a produção barroca passou a ser menosprezada e, durante o segundo império, a geração de pintores formada na Europa com o patrocínio de Dom Pedro, pratica-

[192] A. Taunay, *A Missão artística francesa de 1816*, p. 8-11.

[193] Os principais membros da missão artística francesa foram: Joachim Lebreton, chefe; Jean Baptiste Debret e Nicolas Antoine Taunay, pintores; Auguste Marie Taunay, escultor; Auguste Henrique Vítor Grand-Jean de Montigny, arquiteto; Charles Simom Pradier, gravador; Segismundo Neukomm, compositor, organista e mestre da capela; François Ovide, engenheiro (cf. F. Denis, *Brasil*, p. 115-117).

mente deixou a arte sacra em segundo plano, quase nada produzindo sobre a figura da Virgem. Tome-se o exemplo de alguns destaques da época: Pedro Américo (1843-1905) chegou a compor algumas peças bíblicas como "Moisés e Jocabed", "David e Abizag" e "Judith e Holofernes", enquanto que Victor Meireles (1832-1903) elaborou algumas obras de cunho religioso, como a "Flagelação de Cristo"; mas isso foi quase tudo. Nesse meio tempo, incialmente em luta com a engrenagem regalista do Segundo Império, e depois envolvida no afã da reestruturação num regime republicano laico, a hierarquia eclesiástica não apresentou ou não pode apresentar alternativas para tanto. Melhor dizendo, aderiu aos novos estilos (neoclássico, neogótico e ecletismo). Emblemático foi o caso da catedral colonial de São Paulo, SP, demolida em 1912 para dar lugar a uma nova, neogótica, projetada pelo alemão Maximilian Emil Hehl (1861-1916). Inaugurada em 25-01-1954 por Dom Carlos Carmelo de Vasconcelos Motta (1890-1982), a compleição arquitetônica da nova sé foi vista com reserva pelo diretor do Museu de Arte de São Paulo (MASP), Pietro Maria Bardi (1900-1999), e pelo artista plástico Flávio de Carvalho (1899-1973), dentre outros; mas o clero liquidou o assunto com uma afirmação bem característica: "Só os que esquecem a catolicidade da Igreja preferem o regionalismo arquitetônico à linguagem universal do gótico".[194]

As objeções supracitadas, no entanto, já demonstravam o novo estado de ânimo vigente no mundo das artes do Brasil. O movimento modernista, iniciado em 1922, tinha procurado revalorizar as criações coloniais, e a fundação em 1937 do Serviço do Patrimônio Histórico e Artístico Nacional (IPHAN) ensejara o resgate de suas obras. Assim, tratou-se de identificar, estudar e proteger o patrimônio artístico daquela época, razão pela qual, mais tarde, se diria haver sido eliminada "a palma da vergonha que encobria a arte barroca, permitindo que os céus proclamados de Ataíde voltassem a ser povoados por mulatinhos cantantes".[195]

---

[194] G. Manzano Filho et alii, *100 anos de república*, vol. VI, Abril Cultural, São Paulo 1989, p. 23.

[195] P. Tirapeli (Org.), *Arte sacra: barroco memória viva*, 2ª ed., Imprensa Oficial do Estado de São Paulo, São Paulo 2005, p. 11.

5. As irmandades marianas negras e mestiças

Muito populares em Portugal, as confrarias foram levadas para a colônia pelos lusitanos, que quando lá aportavam, se não encontravam uma correspondente àquela da mãe-pátria, logo tratavam de fundá-la, coisa que se deu observando as diferenças raciais e sociais da época. No século XVII, sendo já numerosas, passaram a ser chamadas de "irmandades", coisa que não eliminou as supracitadas diferenças. Assim, a Irmandade de São Pedro dos Clérigos congregava os padres; a do Santíssimo Sacramento se tornou a preferida dos brancos ricos, que também se filiavam às da Imaculada Conceição, do Pilar, de Nazaré e outras mais. Os pardos, por sua vez, reuniam-se principalmente nas dedicadas a Nossa Senhora das Mercês, do Amparo e da Boa Morte, enquanto que os negros escravos, e também brancos pobres, iam, sobretudo, para as de Nossa Senhora do Rosário.[196]

Essa preferência por denominações marianas nos tempos da colônia, segundo Pe. João Fagundes Hauck (1922-2009), teve duas motivações principais: primeiro, a busca do milagre e da proteção contra os perigos tão comuns na vida das pessoas sem recursos. Depois, e isto deve ser destacado, sucede então uma real identificação com a Mãe de Deus, quando se participa dos seus sentimentos. Nossa Senhora das Dores. Nossa Senhora da Piedade. Ainda hoje, argumenta Hauck, numa procissão "do encontro" ou do "Senhor morto", um sentimento traz para o agora a paixão e morte de Jesus, com Maria a seu lado; o povo participa, sente-se oprimido e flagelado com Jesus, sofredor como a sua Mãe.[197]

Por razões de fácil compreensão, tudo indica que os negros, a seu modo, assimilaram essa religiosidade e sob o manto protetor da Virgem procuraram um bálsamo para a triste condição em que viviam, e como os brancos, agruparam-se em irmandades. Como se poderá conferir

[196] A. Romeiro – A. V. Botelho, *Dicionário histórico das Minas Gerais*, p. 241.

[197] C. Caliman et alii, *Teologia e devoção mariana no Brasil*, p. 79.

adiante, a mais importante dentre elas eram as de Nossa Senhora do Rosário, que além de prover um sepultamento digno para os seus membros, preocupavam-se, ao mesmo tempo, com a alforria de escravos, reunindo a quantia necessária para a sua libertação.[198]

A história de "Chico Rei", acontecida no século XVIII em Minas Gerais, é um desses casos no qual a lenda e a história se misturam. Segundo consta, ele era um régulo africano (preto mina) que foi capturado com toda a corte por comerciantes portugueses de escravos e vendido, com o filho Muzinga, no Rio de Janeiro, de onde foi levado para Ouro Preto em 1740. A rainha Djalô e a filha Itulo foram jogadas no oceano pelos marujos do navio negreiro. Francisco, este é o nome cristão que se lhe atribui, depois de trabalhar como escravo do major Augusto de Andrade Góes, comprou, por meio do Padre Figueiredo, sua carta de alforria. Libertou o filho, conseguiu comprar a mina do palácio velho ou "encardideira", que estava aparentemente esgotada, encontrou novos veios e com os frutos da mineração libertou outros 400 cativos, entre os quais os integrantes da sua corte africana. Inteligente e enérgico, tornou-se "rei" novamente no exílio, com direito a cetro de ouro, coroa e palácio real, apesar de nunca deixar de trabalhar com os demais negros na mineração.[199]

A "nação" escolheu Santa Ifigênia (princesa do remoto reino da Núbia) como protetora, construindo em sua honra uma majestosa igreja no alto do morro do "Vira Saia", na qual a Virgem do Rosário recebeu destaque especial, com a sua imagem colocada num nicho bem no meio do frontispício. Era realmente um templo *sui generis*, pois, além da novidade de instalar em 1762 o primeiro relógio local, chamava a atenção porque todas as imagens da Virgem Maria eram pretas, numa versão original, que "africanizou" Nossa Senhora da Conceição, Nossa Senhora das Dores, Nossa Senhora das Graças e Nossa Senhora do Carmo.[200]

---

[198] CNBB, *Eras Tu Senhor?*, p. 64.
[199] M. Assunção, "Os herdeiros de Chico Rei", em: revista *Isto é*, n. 1494, p. 58-62.
[200] A. Ramos, *A aculturação negra no Brasil*, p. 122 - 123; J. Fernando, *O Aleijadinho*, p. 206-207.

A riqueza da comunidade ensejou nas negras da guarda de honra da "rainha" (a segunda, com quem "Chico" se casou no Brasil) o costume de empoar a cabeça com o precioso metal que, na volta da procissão para a igreja, era lavado na pia do templo, e ali deixado como donativo à caixa da confraria do Rosário para ser depois utilizado na compra da libertação de outros escravos. "Chico Rei" se tornou respeitado, era recebido pelos padres com deferência e na igreja ocupava lugar de destaque. O seu prestígio chegou a causar temores em Portugal, numa época em que ocorriam levantes negros no Haiti. O importante foi que ele abriu o precedente, sendo a sua iniciativa imitada em outras cidades de Minas e do Brasil, numa das mais belas páginas da história das irmandades marianas negras do país. Ele, "Chico Rei", seria, segundo Artur Ramos, o primeiro líder abolicionista, pelo esforço deliberado de libertação dos seus iguais.[201]

Deve-se igualmente admitir que as irmandades negras tiveram ambiguidades, até previsíveis, aliás, considerando-se as circunstâncias sociais de então. A reserva que se lhes faz é que teriam sido elas a permitir a sobrevivência de crenças de matriz africana, estando na origem do sincretismo, que cresceria com o correr dos anos. Isso não é tudo: também são acusadas de passar por um processo de "secularização" a partir do século XVIII, subtraindo-se a autoridade da hierarquia e transformando-se em subserviente massa de manobra do absolutismo estatal.[202]

Henry Koster (c.1793-1820) que as conheceu de perto, num dos períodos áureos do seu florescimento, delas deixou, no entanto, uma versão bastante generosa, que encontra respaldo noutro testemunho ainda mais antigo e importante: a obra *Santuário Mariano* do Frei Agostinho de Santa Maria, do século XVIII. Segundo Koster, nas irmandades os negros se afastaram das práticas anteriores, e quando lá dançavam, misturavam todos os negros e também os pardos, superando as diferenças africanas. Era um alegre catolicismo mariano, onde nas festas populares

[201] A. Ramos, *A aculturação negra no Brasil*, p. 124; J. FERNANDO, *O Aleijadinho*, p. 208-209.
[202] A. Rubert, *A Igreja no Brasil*, vol. II, p. 292.

de Nossa Senhora se vestia como branco sem ser europeu, e se bailava em passos iguais que já não eram africanos. Ou seja, ali, conforme se pode presumir, estava sendo gestada uma nova realidade eclesial, que ajudaria a completar o quadro da cultura religiosa brasileira.[203]

Pesquisas realizadas no século XX apontaram para outro dado não mencionado no relato acima: o agrupamento dos negros de acordo com sua "nação" africana ("Confraria do Senhor da Redenção dos daomeanos", "Ordem terceira do Rosário dos angolas..."). Edson Carneiro é um dos precursores dessa abordagem, apesar de fazê-lo com grande prudência: "*Parece* (o grifo é nosso) que havia o propósito deliberado de não misturar nações diferentes na mesma irmandade". Isso, segundo se acredita, seria uma medida preventiva dos senhores, para evitar que os diversos grupos africanos se unissem e se rebelassem. Porém o mesmo Edson Carneiro acrescenta que nem todos os negros eram agrupados dessa maneira, sem falar que o próprio tempo acabou modificando a situação.[204]

A questão ainda carece de aprofundamento; mas, ao menos uma certeza permanece: essas associações foram a manifestação mais popular da religiosidade dos negros da colônia e do império, e deram uma contribuição inegável não só para a organização dos cativos, como para a arte e a piedade brasileiras.

a. Irmandades de Nossa Senhora do Rosário dos "Pretos"

O culto à Virgem do Rosário era popularíssimo entre os portugueses e, conforme relata Pe. Jacinto dos Reis, nas terras lusitanas "poucas igrejas havia que não tivessem um altar, uma imagem, uma irmandade ou confraria dessa Senhora".[205] Aliás, foi no ano de 1484 que se estabeleceu no convento de São Domingos de Lisboa uma confraria do Rosário, que muito contribuiu para propagar a devoção no país.[206]

---

203 Cf. H. Koster, *Viagens ao nordeste do Brasil* (Travels in Brazil), p. 499-500.

204 E. Carneiro, *Ladinos e crioulos*, p. 89.

205 J. Reis, *Invocações de Nossa Senhora em Portugal*, p. 520-523.

206 A. M. Bidegáin, *História dos cristãos na América latina*, tomo I, p. 72.

Os missionários portugueses divulgaram as devoções de São Benedito e Nossa Senhora do Rosário no Congo, e desse fato, embora evite falar de conversão africana, Artur Ramos concluiu que tal culto possuía precedentes na África, que, de certa forma, explicaria a preferência dos negros bantos de associarem-se em irmandades com essas denominações.[207]

Os dominicanos só chegariam ao Brasil no século XIX, mas concederam aos capuchinhos, ainda no começo da colonização, licença para divulgar a devoção da Virgem do Rosário entre os cativos. Em alguns casos, o próprio navio negreiro mantinha uma imagem da referida Virgem. Por isso, desde o século XVI, as irmandades do Rosário começaram a se difundir por toda a colônia. Assim, aos 4-6-1552, escrevendo de Pernambuco para Portugal, o Pe. Antônio Pires contava: "há nesta capitania grande escravaria da Guiné como da terra. Têm uma confraria do Rosário".[208] Também em São Paulo é registrada a sua presença, por meio de um auto do ano de 1596, no qual Isabel Félix deixava à dita irmandade uma novilha de ano.[209]

Desde o princípio, no entanto, ocorreram atitudes discriminatórias dos brancos contra os negros, situação que evoluiu para a formação de irmandades exclusivas algum tempo depois. Nada disso comprometeu o fervor em torno a tal devoção, embora falte uma explicação de todo satisfatória para tanto. De uma parte, pesa o argumento de que a religião cristã era um lenitivo e que nela os cativos se sentiam iguais aos brancos, uma vez que, de certa forma, as confrarias os promovia. Pe. João Fagundes Hauck interpreta o acontecido do seguinte modo: os escravos haviam interiorizado a escravidão, ligando-se, por conseguinte, a uma "santa branca", no caso, Nossa Senhora do Rosário, não sujeita à mesma humilhação deles. Nesse pressuposto, a Virgem seria uma alva e bondosa senhora que os auxiliava nas suas aflições.[210]

207 Cf. A. Ramos, *A aculturação negra no Brasil*, p. 273.

208 S. Leite, *Monumenta Brasilae*, vol. II, p. 325.

209 L. Martins, *Brasil terra e alma*, p. 65.

210 Cf. C. Caliman, *Teologia e devoção mariana no Brasil*, p. 77-78.

Independentemente de qualquer interpretação, consensualmente se diz que a festa do Rosário, promovida pelos escravos, era concorridíssima e que as irmandades com a sua invocação eram as que mais gente congregavam. O mesmo Koster, anteriormente citado, pode testemunhar o esforço que os negros faziam para pagar as despesas da cerimônia eucarística da entronização do "rei" e da "rainha" do Rosário, sempre celebrada com toda a pompa possível.[211] Frei Agostinho de Santa Maria, nos anos de 1722 e 1723, deixou escrito que, por serem discriminados nas paróquias, com esforço sobre-humano, os negros construíram para si igrejas e capelas, em que a Virgem do Rosário era de um modo singular venerada. Foi assim no Rio de Janeiro, Ouro Preto, Antônio Dias, Olinda e Salvador da Bahia. Com relação à capital baiana, ele deixaria um relato particularmente comovente sobre a capela:

> "Esta capela [de Nossa Senhora do Rosário construída na paróquia de Nossa Senhora da Conceição da praia] foi feita graças às custas dos pretos angolas e crioulos da terra, os quais concorrem com muita liberdade e grandeza para todos os gastos e despesas, o que é muito para admirar, que sendo pobres e andando nus ou quase despidos, para servirem à sua Senhora são ricos; porque têm a sua capela adornada de peças preciosas. [...] Finalmente, servem à Senhora do Rosário com muito grande devoção e fazem as suas festividades com grande solenidade. [...] À sua festividade, realizada no dia 24 de dezembro, todos vão visitá-la e venerá-la".[212]

b. Confraria de Nossa Senhora dos Remédios

As capelas, altares e estátuas de Nossa Senhora dos Remédios são, ainda hoje, numerosíssimas em Portugal, e somente na diocese de Braga são mencionadas 51 imagens em diversas igrejas e capelas. Como tantas outras, essa devoção foi levada para as colônias, e até em Goa lhe seriam dedicadas

[211] H. Koster, *Viagem ao nordeste do Brasil*, p. 341. 353-355.
[212] A. Santa Maria, *Santuário mariano e história das imagens milagrosas de Nossa Senhora*, tomo IX, p. 92-93.

três paróquias e oito capelas. Contemporaneamente, surgiram irmandades afins, como a de Lisboa, que chegou a possuir respeitável patrimônio e ganhou até nome de rua no bairro da Alfama, onde funcionava.[213]

Também no Brasil, o culto da Virgem dos Remédios teve grande importância e em sua honra diversas igrejas foram levantadas, em localidades tão diversas quanto Cabo Frio, RJ, São Luís, MA, Fernando de Noronha, PE, e Maceió, AL.[214] O curioso é que essa devoção inspirou o surgimento de uma combativa confraria abolicionista em São Paulo, que portava o seu nome. Originária da igreja de São Bento, ela se transferiu depois para a igreja de Nossa Senhora dos Remédios, situada no antigo Largo de São Gonçalo (atual Praça João Mendes), no centro da capital paulista, vindo a marcar época. O detalhe singular é que, enquanto em Lisboa dita devoção pertencia a pescadores e vendedores de peixe, na capital paulista ela se transformou no quartel general dos "caifazes", abolicionistas militantes, liderados pelo radical Antônio Bento de Souza e Castro (1843-1898), jornalista, promotor público e provedor da igreja Nossa Senhora dos Remédios.[215]

Esse curioso personagem era um ex-fazendeiro renegado que, com a morte de Luís Gama em 1882, assumiu a chefia do movimento abolicionista local. Ao mesmo tempo, inspirado na célebre sentença de Caifaz,[216] com seus sequazes, mescla de negros idealistas e brancos abolicionistas, publicava inflamados artigos no jornal *A Redempção* e incitava à fuga os negros das fazendas. Os membros não queriam implantar a desordem e sim minar os fundamentos do sistema escravista. Com tal objetivo amealhavam meios para alforriar cativos, que uma vez libertados, eram encaminhados para determinadas fazendas, nas quais os novos patrões garantiam um trabalho

---

[213] J. Reis, *Invocações de Nossa Senhora em Portugal*, p. 501-503.

[214] A. Saint-Hilaire, *Viagem pelo distrito dos diamantes e litoral do Brasil*, p. 172; D. P. Kidder, *Reminiscências de viagens e permanência no Brasil (províncias do norte)*, p. 152-154; R. Avé-Lallemant, *Viagens pelas províncias da Bahia, Pernambuco, Alagoas e Sergipe*, p. 291.

[215] R. S. L. de Aquino et alii, *Sociedade brasileira: uma história através dos movimentos sociais*, 5ª ed., Editora Record, Rio de Janeiro 2007, p. 44.

[216] Jo 11,50: "Vós nada sabeis, não compreendeis que convém que um homem morra pelo povo, para que o povo todo não pereça?"

humanitário e com contrato de pagamento preestabelecido. Era deveras uma iniciativa revolucionária para a época, que abria, inclusive, uma brecha no preconceito da suposta "inferioridade da raça negra", julgada por muitos, incapaz de exercer tarefas assalariadas.[217]

A facilitação de fugas jamais saiu da agenda da irmandade, e, além das fazendas mencionadas, muitos negros que escapavam encontravam refúgio no Quilombo do Jabaquara, situado na baixada santista, que chegou a congregar cerca de 10 mil ex-cativos. Por isso, há quem afirme que a ação de Bento e seus caifazes acelerou a desagregação do escravismo na província de São Paulo.[218]

c. *Irmandades de Nossa Senhora da Boa Morte*

Nossa Senhora da Boa Morte é uma antiga tradição lusitana ligada à *Dormitio Mariae*, em que se dizia que a Virgem ressuscitara ao terceiro dia. Bem cedo, porém, começou a ser invocada como "Advogada da Boa Morte", e o seu culto se estendeu de norte a sul de Portugal. Em função disso, igrejas não paroquiais e capelas, com imagens da sua invocação, foram surgindo nas dioceses de Évora, Portalegre, Coimbra, Santarém, Guarda, Vila Real e Braga, entre outras.[219]

Para Salvador da Bahia a devoção seria levada,[220] e por intermédio dos jesuítas fundaram-se irmandades da boa morte no Maranhão, no Pará e em outros lugares,[221] o que influenciaria no surgimento de novas associações do gênero, até mesmo em Ouro Preto, local onde a Companhia sequer trabalhava. Sobre a irmandade da antiga capital mineira, as informações não são nada precisas; todavia, sabe-se que era constituída por negros e mestiços

---

[217] J. G. V. Carvalho, "Os capitães do mato e os caifazes", em: *REB*, vol. 48, fasc. 190, p. 418-419.

[218] R. S. L. de Aquino et alii, *Sociedade brasileira: uma história através dos movimentos sociais*, p. 44.

[219] J. V. Carvalheira, *Nossa Senhora na história e devoção do povo português*, p. 143-144.

[220] Foram as antigas negras libertas, pertencentes à irmandade de Nossa Senhora da Boa Morte da igreja da barroquinha, que fundaram na primeira metade do século XIX, em pleno centro de Salvador da Bahia, o primeiro terreiro de religião afro-brasileira. Chamava-se "Iyá omi asé aira intilé", passando a denominar-se depois "Illê axé iya nassô", quando mudaram para o subúrbio, no Engenho Velho, lugar onde existe até hoje, venerado como a "grande casa mater" de todos os candomblés tradicionais (cf. H. T. Lopes, *Negro e cultura no Brasil*, p. 59-60).

[221] S. Leite, *História da Companhia de Jesus no Brasil*, vol. IV, p. 243-244.

a julgar pelos livros de apontamentos disponíveis. O dado particular é que a irmandade contratava músicos profissionais e amadores para as suas festas, demonstrando certo refinamento. Isso não impediu que depois do século XVIII entrasse em decadência até cair no esquecimento.[222]

A referência para as irmandades de Nossa Senhora da Boa Morte é, sem dúvida, aquela que surgiu na cidade de Cachoeira, no recôncavo baiano, no ano de 1774. Formada exclusivamente por mulheres negras do local, nasceu clandestina, mas resistiu às intempéries da história e, ao longo desse percurso secular, à devoção a Maria as negras acabaram juntando alguns elementos da religiosidade africana tradicional, como os *eguns*, que é o culto dos antepassados. Desde a abolição da escravatura, a festa da Boa Morte se realiza entre os dias 12 e 15 de agosto e desenvolve-se, a maior parte do tempo, à noite. Começa com as mulheres buscando esmolas para cobrir gastos com a celebração e prossegue na noite seguinte com uma missa, uma vigília pela morte de Nossa Senhora e uma ceia à base de peixe. Nessa fase, a imagem da Santa fica deitada no andor. Na terceira noite, as irmãs retiram a imagem da igreja e a levam deitada em cortejo sob a luz de velas. No último dia, com nova procissão, dessa vez representando a Assunção de Maria aos céus, a imagem volta a ficar de pé.[223]

A irmandade de Nossa Senhora da Boa Morte é uma das poucas manifestações negras do Brasil colonial, talvez a única de mulheres, que se conservou, com a particularidade de manter quase todas as suas características originais.

d. Irmandade de Nossa Senhora da Conceição dos homens pardos

O que chama a atenção nesta irmandade é o fato de ela retratar com perfeição o quadro social do Brasil Colônia, no qual os mestiços, apesar de terem quase sempre o sangue africano pelo lado materno,

[222] F. Lange, *História da música nas irmandades de Vila Rica*, vol. V, p. 75-77.
[223] M. Damiani, "Maria africana", em: Revista *Isto é*, n. 1351, p. 86.

"inclinavam-se decididamente para a raça branca" ou mostravam-se francamente hostis em relação aos negros.[224]

No episódio em questão, por volta de 1712, na antiga Vila Rica, os pardos resolveram erigir uma capela para a sua padroeira (salienta-se que os negros já possuíam uma), que era Nossa Senhora da Conceição (curiosamente, essa era a Padroeira dos portugueses), e rapidamente procuraram o vigário para levar a cabo o projeto. Esse foi aprovado e logo a construção, bem ornamentada, recebeu uma bonita imagem primorosamente esculpida e pintada. Mas, como observou o Frei Agostinho de Santa Maria, "feita a sagrada imagem dispuseram a sua colocação - o que fizeram como brancos e não como pardos".[225]

Mesmo assim, os mestiços demonstraram uma sincera devoção à Mãe de Deus, chegando o zelo a atrair os brancos para a sua irmandade. A piedade comum, infelizmente, não evitou os problemas raciais, haja visto que, quando os brancos se sentiram suficientemente numerosos, desejaram apropriar-se da confraria. Diante de tal realidade, as palavras do Frei Agostinho falam por si: "faltava aquela concórdia e amorosa e sincera confraternidade que Ela (Maria) quer que tenham os que a servem". O documentário do religioso aponta, contudo, para um final feliz: "a Senhora, que é inimiga das discórdias e toda amante da paz, não permitiria que o pleito fosse adiante e tudo se compôs".[226]

e. Irmandades de Nossa Senhora de Guadalupe

Diz a tradição que no século VI, o papa São Gregório Magno (540-604) presenteou com uma imagem da Virgem o seu amigo São Leandro, arcebispo de Sevilha. Quando ela era conduzida ao ilustre destinatário, uma intempérie imprevista quase destruiu a embarcação, levando os

[224] R. Avé -Lallemant, *Viagens pelas províncias da Bahia, Pernambuco, Alagoas e Sergipe*, p. 51.
[225] A. Santa Maria, *Santuário mariano*, p. 242.
[226] A. Santa Maria, *Santuário mariano*, p. 242.

marinheiros e o sacerdote de bordo a suplicarem o auxílio da Mãe de Deus diante da estátua ali presente. Todos se salvaram e, depois que chegaram a seu destino, a Virgem se tornou objeto de uma veneração crescente, que só seria interrompida pela invasão árabe, durante a qual o precioso símbolo teve de ser escondido em uma gruta para evitar a provável destruição. A imagem seria reencontrada apenas no século XIII, mas recuperou rapidamente o antigo prestígio entre os fiéis. E, como o centro da peregrinação estava a apenas vinte léguas de Portugal, não demorou muito para que ficasse conhecida pelos lusitanos.[227]

Depois de estabelecida entre os portugueses, a nova devoção se expandiria continuamente, sobretudo após a batalha de Salado em 1340, e o próprio rei, Dom Afonso IV, faria questão de visitá-la ao regressar da África. Natural, pois, no século XV, que o fervor guadalupano se estendesse de norte a sul de Portugal, ainda que, algumas vezes, a Virgem fosse chamada de "Marya da Augua da Lupe".[228]

A devoção a Guadalupe foi ganhando aspectos novos e se passou a emitir votos em seu nome, e até embarcações foram a Ela dedicadas. Também não demorou para que tal piedade ultrapassasse as fronteiras europeias, originando igrejas em Goa, Bengala, Lagos, na Nigéria,[229] e, obviamente, no Brasil, onde "muitas igrejas e capelas foram dedicadas à mesma Senhora".

As irmandades guadalupanas eram igualmente numerosas na metrópole, sendo que a própria catedral lisbonense possuía uma. E, como nos casos anteriores, também aqui ensejariam o nascimento de confrarias de pessoas não brancas reunidas em seu nome. O grande ponto de referência dessas associações foi a Bahia, porque era lá que a Santa tinha o seu maior número de igrejas e capelas. Em Coligipe, conforme relato de época, diz-se que "na oitava de natal era muito grande o concurso de povo de toda aquela

[227] Cf. G. Gumppemberg, *Atlante Mariano*, tomo IX 1, p. 161-171.
[228] J. Reis, *Invocações de Nossa Senhora em Portugal*, p. 294-295.
[229] Cf. F. C. P. Lima, *A virgem e Portugal*, vol. I e II, p. 168. 192. 212. 215. 468. 534. 540. 550. 611. 651.

freguesia, que ia venerar a misericordiosa Senhora e dar-lhe graças pelos muitos benefícios que dela recebe". Fato semelhante ocorreu na ilha dos frades, na qual um leigo, Domingos Rodrigues, ergueria em sua honra um grande santuário, em que a imagem ali existente foi adornada com riquíssimos ornamentos.

As coisas mudaram a partir de 1640, quando, ao separar-se da Espanha, Portugal passou a privilegiar outras devoções, motivo pelo qual, seis anos depois, proclamou a Imaculada Conceição padroeira nacional. Depois disso, percebe-se uma mudança de perspectiva, pois o bispo de Salvador acabou doando a preciosa imagem da Sé metropolitana para a confraria dos pardos escravos, o que para os padrões da época pode significar desprestígio. O autorizado autor sobre o assunto, frei Agostinho de Santa Maria (1642-1728), agostiniano descalço, não aprofunda a questão, preferindo sublinhar a piedade dos fiéis que a veneravam: "Muitas vezes vemos que os pobres são mais devotos que os ricos. Tão boas diligências souberam fazer os pobres escravos, que são eles hoje os confrades de Nossa Senhora de Guadalupe e a festejam no terceiro domingo de agosto, com sermão e missa cantada ao som do órgão". Apesar do zelo das irmandades negras e mestiças, percebe-se que a Imaculada Conceição "portuguesa" foi substituindo progressivamente a devoção "espanhola". Isso fica claro quando se contata que os religiosos da ilha dos frades ordenaram que a festividade de Guadalupe passasse a ser celebrada aos 8 de dezembro, "dia da puríssima Conceição de Nossa Senhora".[230]

Desse momento em diante, tudo leva a crer que o culto guadalupano declinou. Frei Agostinho de Santa Maria, anteriormente citado, ainda atestou a sua presença no início do século XVIII; mas, no período posterior, tanto a devoção quanto as suas irmandades deixam de ser citados pelos autores, provavelmente devido ao completo abandono.

[230] A. Santa Maria, *Santuário mariano*, vol. I, p. 468; Idem, *ibidem*, vol. IX, p. 28, 162, 177.

6. O crepúsculo das irmandades marianas e de uma inteira época

Muitas irmandades religiosas entraram em crise na segunda metade do século XIX, porque parte delas – sobretudo as brancas – havia se integrado ao regalismo institucional, e isso ia de encontro à nova proposta implantada pelos bispos e religiosos "ultramontanos", desejosos de recuperar a autoridade clerical e de estreitar os laços com a Santa Sé. Ora, aproximar-se de Roma implicava adotar suas diretrizes, e, logo, a negligência até então existente em relação aos maçons infiltrados nas associações religiosas laicais (brancas) seria revista. O parecer de Dom Vital, prelado de Olinda, a respeito, ajuda a entender esta opção:

> A direção [das irmandades] é geralmente confiada aos veneráveis das lojas, ou ao menos a maçons graduados, notórios, e, algumas vezes, blasfemadores públicos. Tudo isso é feito à visto e ao conhecimento de todo mundo.
>
> O venerável (ou o grão-mestre, como sucede no Rio de Janeiro), si faz eleger presidente da confraria B; o cura ou o capelão sobe à cátedra e o anuncia ao povo. [...] É este presidente que determina quais são as festas que se devem fazer, por fim, a festa paroquial e a forma desta, e os padres que devem servir ou pregar, sem nunca fazer caso do cura, o qual é quase sempre deixado de lado.
>
> Este mesmo presidente muda sem a permissão da autoridade eclesiástica a destinação das ofertas consagradas às festas e aos sufrágios dos confrades falecidos, e utiliza o dinheiro em edifícios ou em outras coisas totalmente estranhas ao objetivo das confrarias.
>
> Sem o consentimento deste presidente, o pároco não pode fazer nada na sua igreja paroquial; e, se deseja levar o viático aos moribundos, realizar um batizado, celebrar a Santa Missa necessita ir pedir a chave do tabernáculo, os paramentos a este presidente, ou a alguém delegado por ele para esta função. No caso de uma negativa, é obrigado a ir buscar o santo viático à capela episcopal ou às igrejas dos religiosos.[231]

[231] V. M. G. Oliveira, *Ábrégé historique de la question religieuse du Brésil* (tradução), p. 56-58.

Os membros das "grandes lojas", entrementes, sentiam-se imunes às penas canônicas, pois o Governo imperial havia criado mecanismos legais para tentar impedir o clero de alterar a situação vigente. Um desses artifícios foi o decreto n. 2.711 de 19-12-1860, expedido para a execução da lei n. 1.083 de 22 de agosto precedente, cujo capítulo IX (Das associações religiosas, políticas e outras) subtraiu abruptamente as irmandades leigas à jurisdição dos ordinários de lugar. Por meio dessa medida, ditas associações adquiriram um caráter quase que inteiramente civil, reduzindo a precedência da aprovação dos bispos apenas à parte espiritual.[232] Como seria dito depois, o prelado diocesano, que se insurgisse contra isso, não teria exercido uma função própria do seu ministério pastoral, mas invadido o poder temporal, envolvendo-se naquilo "que não estava dentro do círculo das suas atribuições".[233]

Tinham, portanto, os maçons, todo interesse em manter o caráter "nacional" da Igreja, com sua consequente submissão ao Estado. Joaquim Saldanha Marinho (1816-1895), grão-mestre do Grande Oriente [da Rua] dos Beneditinos foi um dos que bateu nessa tecla:

> Reduzir o poder de Roma *à sua própria esfera*, e opor barreira inacessível aos desatinos do clero que pretende, solapando as verdadeiras crenças, exigir em bases firmes o seu poder e a sua tirania. E exigir por meio legal do governo do Estado o respeito dos 'direitos nacionais' contra as usurpações do Pontificado Romano, e para que não tenham no Brasil valor os decretos da Roma estrangeira, sem que o nosso poder legislativo os adote.[234]

O clero se viu diante de um dilema: se submeter às imposições regalistas, que garantiam à maçonaria livre movimentação ou mesmo

---

[232] *Coleção das leis do Império do Brasil de 1860*, vol. II, p. 1134.

[233] ASV, "Consulta da Seção dos Negócios do Império do Conselho de Estado sobre o recurso interposto pela Irmandade do Santíssimo Sacramento da igreja matriz da freguesia de Santo Antônio da cidade do Recife, contra o ato pelo qual o Reverendo Bispo de Olinda a declarou interdita" em: *Nunciatura Apostólica no Brasil*, fasc. 208, caixa 45, fl. 105b-106.

[234] U. A. Fontoura, *Saldanha Marinho – esboço biográfico*, p. 88, 150.

controle na Igreja, ou resistir a elas. Não faltou quem fizesse a segunda opção; e daí, ignorando a ausência do *placet* imperial aos documentos papais antimaçônicos, o bispo do Rio, Dom Pedro Maria de Lacerda (1830-1890), fiel ao *Syllabus errorum* publicado aos 08-12-1864, e à alocução *Multíplices Inter Machinationes*, pronunciada pelo papa Pio IX (1792-1878) durante o Consistório de 25-09-1865, suspendeu o padre português José Luís de Almeida Martins por haver proferido discurso em louvor ao grão-mestre do Grande Oriente [da Rua Marquês] do Lavradio, do qual também era membro. Foi um rebuliço: a maçonaria não estava habituada a críticas e reagiu de forma violenta. Vale recordar que os maçons no Brasil se encontravam divididos em dois corpos distintos desde 1863; mas o anticlericalismo os uniu numa aliança tática em 1872. Saldanha Marinho, em tom de desafio, vociferou:

> Provocar tão bruscamente, como foi provocada a Maçonaria Brasileira pelo Revmo. Diocesano [do Rio], é desacatar *a parte mais nobre* (o grifo é nosso) da nossa sociedade. E não se pode fazer isso impunemente. O inimigo se mostrou a descoberto, a Maçonaria se lhe opõe franca e lealmente. [...] Os padres, os bispos, os papas temporais morrem; a Maçonaria é eterna, tanto for o mundo.[235]

Atendendo à recomendação do Internúncio, o prelado carioca evitou a polêmica e se calou, mas dois outros bispos, Dom Antônio de Macedo Costa, de Belém, e Dom Vital Maria de Oliveira, acima citado, não recuariam no propósito de expurgar as irmandades da presença dos membros das "grandes lojas". O conflito chega às vias de fato, transformando-se na "questão religiosa" em 1873, quando a situação se precipita: Firme na sua decisão, no dia 5 de janeiro, Dom Vital interdita a irmandade de Nossa Senhora da Soledade, que não quisera excluir os

[235] J. S. Marinho, *Discurso proferido na abertura dos trabalhos da Assembleia Geral do povo maçônico brasileiro em 27 de abril de 1872*, p. 4-6.

membros maçons, e outras dez seguirão seu mesmo destino; aos 15 de fevereiro o ministro João Alfredo lhe escreve, para adverti-lo. Dom Vital o contesta secamente no dia 27 do mesmo mês:

> Não fui perturbar os maçons em suas oficinas, Exmo. Sr., não saí do recinto da Igreja em que sou chefe. Não questiono diretamente com os maçons, porém sim com as irmandades. [...] Desejo tão somente que elas realizem o fim para que foram criadas. Entretanto, parece-me que a maçonaria deveria ser mais consequente. Já que ela não reconhece a autoridade da Igreja, brade muito embora contra a Igreja, mas abandone-a, deixe-a àqueles que se prezam de filhos obedientes.[236]

Em Belém a situação toma um rumo parecido: aos 25-03-1873 Dom Antônio faz publicar uma instrução pastoral contra a maçonaria e, não sendo atendido, no dia 4 de abril seguinte, lança o interdito contra três irmandades recalcitrantes. Aos 29 de maio o papa Pio IX firma o Breve *Quanquam dolores* louvando os bispos do Brasil e animando-os a combater as sociedades secretas; aos 18 de outubro, Francisco Inácio de Carvalho Moreira, Barão de Penedo (que também era maçom), em nome do Governo imperial, vai a Roma com o intuito de obter uma censura papal contra os bispos. Não consegue. Os ânimos se exaltam sempre mais, gerando controvérsias acesas na imprensa e no parlamento. Com base na legislação regalista, as irmandades penalizadas entram com um "recurso à Coroa"; o Governo pressiona os prelados, que não cedem. Seguem-se as prisões de Dom Vital aos 02-01-1874 e a de Dom Antônio aos 28 de abril do mesmo ano. Nem assim revogam os interditos lançados, motivando a continuidade do processo, que, para cúmulo do acinte, tem como condutor José Maria da Silva Paranhos (1819-1880), Visconde do Rio Branco, que não é outro senão o grão-mestre do Lavradio. Os prelados são julgados separadamente, por juízes quase todos maçons: Dom Vital aos 21-02-1874 e Dom Antônio, no dia 1º de julho sucessivo. Ambos

[236] A. M. Costa, *A questão religiosa do Brasil perante a Santa Sé*, p. 119-121.

terminam condenados a quatro anos de prisão com trabalhos forçados, acusados de "obstar ou impedir o efeito das determinações do poder Moderador e Executivo, conforme a Constituição e as leis".[237]

As penas terminam comutadas em prisão simples pelo Imperador, sem que isso diminua o caráter espúrio do episódio. A falta de idoneidade do Visconde do Rio Branco torna-se mais que evidente numa carta sua a Dom Pedro II, datada de 28-02-1874, em que afirma, sem pudor: "Da maior importância é para mim [a punição dos bispos], que aceitarei todas as consequências, inclusive a dissolução do ministério".[238]

Ao contrário do que poderiam imaginar a maçonaria e o Imperador, a Igreja não revê sua posição e o desgaste político provocado pela questão força o Ocupante do Trono a conceder anistia aos bispos em 17-09-1875. Além disso, no dia 29-04-1876 Pio IX envia ao episcopado brasileiro a encíclica *Exorta in ista ditione*, com normas precisas para solucionar de vez a situação sobre a questão das irmandades:

> Somos ainda forçados a deplorar o abuso de poder da parte daqueles que presidem às referidas irmandades, pois, como chegou ao Nosso conhecimento, tomando eles tudo à sua conta, atrevem-se a usurpar um direito indébito sobre as cousas e pessoas sagradas, e sobre o que é de origem espiritual, de modo que os Sacerdotes e os próprios Párocos, no exercício de suas funções, ficam totalmente sujeitos ao poder deles. Fato este que não só se opõe às leis eclesiásticas, senão à própria ordem constituída em sua Igreja por Nosso Senhor Jesus Cristo; pois não foram os leigos postos por Jesus Cristo para reitores das cousas eclesiásticas, mas devem por sua utilidade e salvação estar sujeitos a seus legítimos Pastores, limitando-se cada um, conforme seu estado, a coadjuvar o Clero, sendo-lhe vedado ingerir-se naquelas cousas que foram por Jesus Cristo confiadas aos sagrados Pastores.
>
> Assim, pois, nada reconhecemos mais necessário do que reformarem-se devidamente os estatutos das ditas irmandades, e que tudo o que nelas há de

[237] J. Nabuco, *Um Estadista do Império*, vol. III, p. 351-352.
[238] H. Lyra, *História de Dom Pedro II*, vol. II, p. 339.

> irregular e incongruente nesta parte se conforme convenientemente às leis da Igreja e à disciplina canônica.[239]

Por este mister, o conflito segue adiante, ainda que de uma forma mais discreta. A maçonaria tampouco recua, e, em 1877, recebe o apoio de Rui Barbosa (1849-1923), que, após a promessa – não cumprida – de uma polpuda ajuda da parte de Saldanha Marinho, resolve publicar a tradução que fizera da obra do padre alemão excomungado Ignaz von Döllinger (1799-1890), *O Papa e o Concílio*. Acrescenta, porém, uma enorme introdução, em que ironiza as mudanças eclesiais acontecidas no Brasil, cunhando o termo "romanização", com o qual qualifica o que entende ser a indevida absorção das distintas igrejas pelo papado.[240] Pouco depois, aos 14-07-1878, Dom Vital falece em Paris, e seu sucessor, Dom José Pereira da Silva Barros, sagrado em 1881, resgata o termo "romano" (e derivados), afirmando que "dizer-se católico, mas não romano, é rejeitar o centro da unidade e afirmar simplesmente um absurdo".[241] Assim, como as polêmicas apenas mudam de tom sem se extinguirem, colaboram para o enfraquecimento da já combalida Coroa. Dom Pedro II, sem ser maçom, apoiara as "grandes lojas" por razões próprias: ele sentira que a atitude dos bispos atentava contra seus "direitos" (padroado, beneplácito). Nenhuma gratidão obteve, pois os maçons bandeariam em peso para a república e, além disso, fez o trono perder o apoio de muitos católicos. Como diria Pandiá Calógeras, a intransigência do Imperador foi o "mais grave erro político do segundo Império".[242]

No que diz respeito à Igreja, apesar de que nenhuma irmandade negra houvesse se envolvido na querela, como as demais, sobre elas pairou um ar de suspeita. Por isso, quando a República, por meio do decreto de 07-01-1890, secularizou o Estado, o clero não se esqueceria de "disciplinar" com

[239] A. M. Costa, *A questão religiosa no Brasil perante a Santa Sé*, p. 296-299.
[240] R. Barbosa, *O Papa e o Concílio*, p. 167.
[241] J. P. S. Barros, *Carta Pastoral do Bispo de Olinda saudando os seus diocesanos depois de sua sagração*, p. 18.
[242] Cf. J. P. Calógeras, *Formação Histórica do Brasil*, p. 365.

mão de ferro a todas as associações católicas leigas. Exemplo notório foi a *Pastoral coletiva dos bispos da província meridional* de 1902 que, no intuito de fazer as referidas irmandades corresponderem "aos tempos e intuitos da Igreja", estabeleceu que ninguém poderia se filiar a elas tomando parte de sociedades secretas; além do que, qualquer negociação sobre os bens que possuíssem ficava dependente do "beneplácito da autoridade eclesiástica". Doravante, abolia-se a autonomia das associações católicas, dado que uma resolução do mesmo documento as obrigava a "acatar sempre a autoridade do prelado diocesano e de seus legítimos representantes" e as impedia conjuntamente de nomear ou exonerar capelão "sem aprovação do ordinário".[243] Foi o início de um irremediável declínio das associações laicais marianas negras e pardas, apesar de que algumas delas tenham conseguido sobreviver até os nossos dias.

[243] J. A. A. Cavalcanti et alii, *Pastoral Coletiva dos Senhores Bispos da Província Meridional do Brasil (3 - 12/11/ 1901)*, p. 72-73.

III

A VIRGEM MARIA NAS MANIFESTAÇÕES SINCRETISTAS

Convencionou-se dizer que o termo sincretismo provém do vocábulo grego συγκρητισμός (leia-se *sigkrestimós*), mencionado na pequena composição *De fraterno amor* de Plutarco (c. 46-127 d.C.), filósofo e prosador natural de Queroneia, cidade grega da Beócia. Esse autor, na mencionada obra, considerando o fato de que os cretenses ("cretismo"), apesar de muito divididos entre si, uniam-se (em grego: "sin") quando se fazia necessário combater um inimigo comum, chamou tal realidade de "sincretismo". O neologismo não se popularizou no mundo helenista, vindo a reaparecer apenas na idade moderna, graças a Erasmo de Roterdã (1466-1536). Isso aconteceu em 1519, ano em que dito pensador escreveu a Philip Melanchton (1497-1560), convidando-o a se associar a ele e a outros humanistas para juntos combaterem "os bárbaros", que conspiravam contra as *bonae literae*.[244]

Ressalva feita às óbvias diferenças de contexto e conteúdo, o vocábulo "sincretismo" pode ser aplicado também a determinados segmentos da religiosidade dos negros no Brasil, coisa que, aliás, normalmente sucede. Ou melhor, de acordo com as evidências, encontros e ou cruzamentos religiosos aconteciam já em tempos remotos da África mesma, malgrado tenha existido no Egito antigo, durante o governo do faraó Amenófis IV (1386-1349 a.C.), uma fugaz tentativa de impor Aton como Deus único. A crença monoteísta só começaria a ter presença duradoura na África após os hebreus nela se fixarem. Isso aconteceu a par-

[244] J. Reis (dir.), *Trattato di antropologia del sacro – Metamorfosi del sacro*, vol.10, Jaca Book, Milano 2009, p. 159.

tir do século IX a.C., depois que fenícios ocuparam algumas partes do Mediterrâneo, trazendo consigo grupos de etnia hebraica. A comunidade do Egito se tornaria, inclusive, a mais importante da diáspora judaica e, especialmente a de Alexandria, ganhou destaque desde o século III a.C. Foi nela, aliás, que se traduziu no século I a.C o Antigo Testamento para o grego, criando a versão dos Setenta ou *Septuaginta*.[245]

O monoteísmo judaico, de certa maneira, também abriu caminho para que a difusão do Cristianismo fosse rápida em numerosos locais do norte e nordeste da África ainda no primeiro século da sua existência, quando se fundaram comunidades no Egito e na Etiópia. Essa adesão em massa de populações inteiras aconteceu eivada de problemas de toda ordem, coisa que se agravou ainda mais depois que o imperador Teodósio I (347-395), em fevereiro de 380, por meio do Édito *De fide catholica*, também conhecido como Édito de Tessalônica, elevou o Catolicismo à condição de religião oficial do Império Romano. No século V, as pessoas influentes e cultas adotaram, sem maior dificuldade, a religião oficial; mas, entre as camadas populares, muitos se filiavam a seitas, enquanto outros, para demonstrar que, apesar de cristãos eram diversos, faziam questão de se afirmarem como egípcios ou berberes. Esse sentimento se fez sentir sobretudo no Egito, onde acabou se afirmando uma comunidade eclesial distinta ("copta"), que se separaria de vez quando abraçou o monofisismo, heresia condenada no Concílio de Calcedônia no ano 451 d.C.

Conflitos teológicos, associados a problemas de sagrações de bispos, provocariam ulteriores celeumas. Na Numídia, como em outros lugares, a situação evoluiu para o cisma, ao eclodir o donatismo. Por causa desses atritos, no início do século VII, o Cristianismo do norte da África encontrava-se dilacerado, e o seu enfraquecimento facilitaria o triunfo da religião muçulmana, surgida justamente naquele século.[246]

[245] F. R. De Gasperis, *Sentieri di vita*, Paoline, Milano 2006, p. 381.

[246] Cf. J. D. Fage, *Storia dell'Africa,* p. 51-53, 258-259.

Na África subsaariana, no entanto, a infiltração islâmica foi bem mais lenta que no norte. Movida pelo interesse de ingressar na grande e prestigiosa comunidade internacional muçulmana, assegurando assim a participação em melhores negócios, a maioria dos membros da aristocracia sudanesa aceitou a conversão; porém, a classe dominante ganesa opôs tenaz resistência à assimilação, só vencida pela força das armas dos exércitos almorávidas, no século XI. E, mesmo assim, somente num processo lento é que o Islã conseguiu absorver as populações agrícolas, até vir a se tornar, mais tarde, no que seria chamado de "religião de camponeses".[247]

O cenário religioso mudou a partir dos séculos XV e XVI, pois, por causa do expansionismo colonial europeu, o islã da região perdeu gradativamente a importância política que tinha, ao mesmo tempo em que as trocas transaarianas, base econômica das estruturas sudanesas islamizadas, entravam igualmente em colapso. Afora isso, junto ao predomínio em campo militar, os europeus trouxeram sua fé, e, quando o colonialismo se consolidou na idade moderna – acirrando-se na contemporânea –, o trabalho missionário cristão conheceu um novo período de difusão. Rapidamente, católicos, e depois também os protestantes, lançaram-se de corpo e alma ao proselitismo, conseguindo notável penetração na África setentrional e meridional.

Entre os católicos, o espírito tridentino animava a expansão religiosa, por isso, no século XVII, quando os portugueses estabeleceram contato com a Etiópia, redescobrindo a antiquíssima igreja local (que por um momento pareceu concretizar o mito medieval da existência de um império cristão entre os infiéis sob o governo do "Preste João"), imediatamente decidiram trazê-la para a comunhão católica. Assim, vários missionários, a maioria jesuítas, foram enviados por Roma ao país, tendo em vista o estreitamento dos laços. No entanto, o que sobrava em

[247] Cf. D. Freitas, *Escravos e senhores de escravos*, K. Bihlmeyer – H. Tuechle, *Storia della Chiesa*, vol. 1, Morcelliana, Brescia 1986, p. 78-79.

ardor religioso faltava em sensibilidade pastoral: demasiado ocidentais, e ligados ao sistema colonialista, os missionários desgostaram aqueles cristãos negros e terminaram expulsos, fazendo a tentativa fracassar.[248]

De outra feita, a enorme infiltração cristã e islâmica não ficou imune à influência do ambiente, e ambas assimilaram alguns elementos da religiosidade tradicional, mantendo, até hoje, certos resquícios dela. Esse fato não exclui a possibilidade de que grande parte das antigas crenças de matriz africana restantes possa sucumbir no futuro que, talvez, não seja tão próximo assim. Afinal, mesmo o islamizado reino do Mali, na África ocidental, no apogeu do seu poderio, teve de conviver com numerosas populações refratárias à influência muçulmana.[249]

1. Brevíssimas noções da religiosidade africana trazida para o Brasil

A maioria dos escravos traficados para o Brasil praticava as crenças tradicionais, e criariam artifícios para conservá-las. Na concepção da realidade que tinham, a fé era sentida não como um "aspecto", e sim como uma realidade norteadora nas suas mais diversas manifestações. Também na América isso se manteve pela transmissão oral, fundamentada na memória milenar, possibilitando a reprodução dos valores ancestrais em outro espaço sócio-religioso. Como, porém, as crenças não eram uniformes – e isso fica evidente pela enumeração das etnias trazidas –,[250] no processo de reconstrução, cada uma delas desenvolveria características específicas.

Dita recomposição se iniciava logo após a venda, quando pessoas de tribos, etnias ou culturas diferentes, e às vezes inimigas, encontravam-se subitamente unidas pelos laços do cativeiro. Ademais, os senhores bran-

[248] G. Gharib, *La Madre di Dio nelle Chiese Orientali*, p. 104.
[249] Cf. J. D. Fage, *Storia dell'Africa*, p. 79, 143-144.
[250] Cf. R. Cintra, *Candomblé e umbanda, o desafio brasileiro*, p. 35.

cos possuíam e impunham aos escravizados um novo e estranho universo cultural e religioso. Daí surgiu da parte dos negros a necessidade de se fazer a passagem possível das ideias e práticas anteriores para os rituais e crenças católicas. Porém, como tantas vezes estudiosos constataram, mesmo nos casos de conversão verdadeira, teve necessariamente de existir fases intermediárias, em que ambos os elementos encontravam-se presentes no pensamento e nas atitudes religiosas, com a correspondente identificação de um objeto de um culto no outro. Nem todos aderiam de maneira sincera ao novo credo, apesar de que, as formas exteriores do Catolicismo popular quase sempre fossem assimiladas. Era nesse ponto que a piedade mariana tinha uma importância crucial como atração, dado seu enorme apelo festivo e sentimental. Disso resultou toda uma gama de manifestações "híbridas" de culto, que sobreviveram aos tempos, estando, ainda hoje, presentes, nas mais variadas formas, em todas as regiões do Brasil.

É óbvio que as influências modificadoras do novo ambiente não foram superficiais, o que afinal possuía precedentes, se se considera que, também no continente africano, as práticas religiosas jamais tinham sido refratárias a determinadas assimilações ou adequações. Por isso, no Brasil, o peso da religião católica com toda a sua doutrina e liturgia, tampouco foi ignorada. Começaria então uma nova etapa, talvez mais profunda que as anteriores, de reestruturação cultural, em que os valores, símbolos e as divindades africanas passaram a conviver com outros valores, outras devoções e outros símbolos cristãos, sem perder, contudo, muito da vitalidade da fé herdada dos antepassados. Esse processo duraria três séculos, período em que o tráfico, com a vinda contínua de escravizados da África ocidental, equatorial e oriental, estabeleceu as bases e, enfim, consolidou um patrimônio religioso original, que o Brasil consagrou como sendo o "sincretismo afro-brasileiro". O fenômeno foi percebido em 1858 pelo alemão Christian Barthold Robert Avé-Lallemant (1812-1884) ao visitar a Bahia. Embora não atinasse direito com o que via, ele registrou a existência de certa "maçonaria negra", dotada de uma "significação sagrada com forma cristã", tendo sacerdotes próprios e reuniões secretas.[251] Eram as manifestações cultuais de matriz "afro".

a. *Aspectos das crenças dos bantos*

"Banto" foi um termo cunhado no ano de 1856 por Wilhelm Bleek (1827-1875), filólogo alemão nascido em Berlim, significando apenas "o povo", ainda que não houvesse etnia alguma no continente africano que assim se autodenominasse. Eles se concentravam no centro e sul da África, onde hoje se encontram países como Congo, República do Congo (ex-Zaire), Angola, Moçambique (com destaque para a cidade de Quelimane) e lugares mais. O tráfico de "bantos" para o Brasil recrudesceu depois que os holandeses tomaram o grande entreposto da escravidão do Forte de São Jorge da Mina, em Gana, aos 29-08-1637, forçando os portugueses a se suprirem de novos braços fora do golfo de Benin.[252]

O apelativo "banto" é hoje utilizado tão somente num sentido linguístico para abordar as raças melano-africanas congaleses e melano-africanas zambezianas emparentadas entre si. Ao analisar os idiomas desses povos (cerca de 2000), o supracitado Bleck constatou que quase todos eles possuíam a palavra *muntum*, com o mesmo significado (gente, indivíduo, pessoa), e que podiam ser divididos em classes, diferenciando-se apenas por prefixos. Assim, "banto" é plural de *mutum*, e um indivíduo Nkongo (congo), por exemplo, pertence ao povo "bakongo" (congo) e fala o idioma "kikongo" (quicongo). Apesar dessa engenhosa classificação, não falta quem prefira agrupar todos os idiomas segundo as divisões políticas dos seus domínios, de Angola a Camarões.[253]

---

[251] R. Avé-Lallemant, *Viagem pelas províncias da Bahia, Pernambuco, Alagoas e Sergipe*, p. 51.
[252] S. M. Dos Reis, *Universo umbandista*, p. 16.
[253] N. Lopes, *Bantos, malês, identidade negra*, p. 85-93.

Em números presumíveis, os bantos formaram o maior contingente dos cativos do Brasil. Sem citar os subgrupos, as etnias traficadas seguiram o seguinte percurso:

> a) Tráfico atlântico: particularmente agressivo, conseguiu cancelar populações inteiras. Dentre os traficados distinguiram-se: bacongo (congo), bassa, bundo (quibundo), cavango (ovacango), cuba, damara, dualas, fang (pahuin), ganguela, herero, humbe, luba, lunda, mongo (mongocundo), nhaneca, ovambo (ambo), ovimbundo (umbundo), pongüê, quioco, teque (bateque ou anzico), xindonga e varega. Estudiosos dizem que o mercadejo atlântico interrompeu o crescimento demográfico da África ocidental por dois séculos.[254]
> b) Tráfico Índico ou da Contra Costa: envolveu povos ajaua (iao), angoni (ngnuni), chope, macua, nhungue, ronga (landim), senga, suto (sotho) e xona. Moçambique era uma das referências e somente após as pressões do Reino Unido, começadas a partir de 1808, que a prática decresceu.[255]

Esses contingentes eram vendidos nos mercados de Pernambuco (incluindo então Alagoas), Rio de Janeiro (com destinação também para Minas Gerais e São Paulo), São Luís do Maranhão (abrangendo o Pará) e Bahia. Ao contrário de muitos sudaneses, desembarcados nos últimos períodos da escravidão, o que permitiu a grande parte deles de se fixarem em cidades portuárias; os bantos, quase todos do Congo, Angola e Moçambique, trazidos, como se viu, em sua maioria, durante o duro período de conquista e expansão das fronteiras coloniais, foram desbravadores num tempo de comunicações difíceis, e acabaram dispersados em pequenos grupos pelas plantações.[256]

Eles demonstraram notável capacidade de ambientação e, como não cultuavam *orixás*, dado que geralmente apelavam a *inquices*, ou seja, espíritos divinos, associaram às suas práticas no Brasil *orixás*

[254] G. Pietrostefani, *La tratta atlantica: genocidio e sortilegio*, Editoriale Jaca Book, Milano 2000, p. 24.
[255] O. Jaffe, *Sudafrica. Storia politica*, Editoriale Jaca Book, Milano 1997, p. 103.
[256] J. E. Santos, *Os Nagô e a morte*, p. 31.

jéje-nagô, com que tiveram contato[257]. Também contribuíram para a metamorfose plástica destes, devido à influência ameríndia ou católica. Esse fato receberia mais tarde conotação negativa de dois autores nordestinos, o maranhense Raimundo Nina Rodrigues (1862-1906) e o baiano Édison Carneiro (1912-1972), que sustentaram ser isso decorrente da "inferioridade cultural" de tais povos. Édison Carneiro, nesse sentido, é categórico: "Os negros bantos eram, e são ainda, atrasadíssimos em sua cultura".[258]

Tal ponto de vista sempre suscitou reações, e sua contestação aconteceu na própria África. Em 1949, o missionário franciscano belga, Pe. Placide Frans Temples (1906-1977), estudando os bantos da atual República do Congo (ex-Zaire), escreveu um tratado a respeito, primeiro publicado em holandês e depois em francês, com o título *La Philosophie Bantoue*, apresentando uma versão diversa dos fatos. Nessa obra, Pe. Tempels apontava que os bantos eram dotados de original filosofia, fundamentada numa metafísica dinâmica e numa espécie de vitalismo que lhes fornecia a chave da concepção do mundo. Nela, a noção de "força" toma o lugar do "ser", e assim, toda a cultura banto é orientada no sentido do aumento dessa força e da luta contra a sua perda ou diminuição.[259]

Também, no Brasil, com outros argumentos, a acusação de inferioridade cultural dos bantos tem sido contestada. Lena Frias é do parecer que isso não passa de uma falácia histórica, construída sem análise criteriosa. Ela baseia sua afirmação no fato que o mais importante quilombo do Brasil, Palmares, era predominantemente banto, e que o idioma português foi enriquecido por diversos vocábulos da linguagem tradicional banta, a saber: "canjica, careca, fofoca, carimbo, manha, samba, sunga e

[257] Atualmente, é comum ver o termo "inquice", originário da língua quibundo, ser usado como equivalente de "orixá", em certos candomblés da Bahia, de rito "Angola" e "Congo" (ndr).

[258] E. Carneiro, *Religiões negras, negros bantos*, p. 174.

[259] M. N. Nkemnkia, *Il pensare africano come "vitalogia"*, Città Nuova, Roma 1995, nota 2, p. 26; N. Lopes, *Bantos, malês, identidade negra*, p. 122.

umbanda".[260] Outros vão ainda mais longe, e afirmam haver sido eles que mais influenciaram a cultura negra brasileira.[261]

No que diz respeito à religiosidade, geralmente se diz que os bantos, com diferentes nuances internas, adoravam na terra de origem divindades definidas pelos europeus como "animistas", que permaneceram na reminiscência das matas, dos rios, das grutas, cascatas, dos lagos e penhascos que atrás deixaram. O etnólogo português, Pe. Antônio da Silva Rego (1905-1986), estudando o conceito de Deus entre os bantos em geral, superou essa interpretação, afirmando que existia entre esses povos a prática de um monoteísmo peculiar. Para Rego, os bantos creem num Deus supremo e o respeitam, mas não o cultuam e só se dirigem a ele em casos de extremo desespero. Correta ou não tal opinião, ela é endossada por Merrian: "Quase todos os bantos do Congo creem num ser superior que é tido como criador do universo, mas que preferiu retirar-se do mundo depois de terminada a criação". Outra importante contribuição foi dada pelo Pe. Théodore Theuws. Segundo ele, para os "balubas", que não são panteístas, a fonte de toda força e toda vida é Deus, ou seja, *Syakapanga* ou *Nwine bumi bwandi*, o Pai criador, ou ainda, aquele que detém a vida em si mesma, pois não a recebeu de ninguém. Por sua vez, Fagan, elaborando uma visão geral dos bantos, veio a afirmar que existem semelhanças entre as práticas religiosas das tribos de língua banto, mesmo naquelas que vivem em lugares tão afastados, como Transvaal e Tanganhica. As crenças xonas são, como as demais manifestações da religiosidade banto, muito ligadas à identificação com os espíritos dos antepassados, meio de comunicação com o ser supremo. No caso, esse ser supremo é o criador do universo e do homem, que possui, em se tratando dos xonas, nomes diversos, sendo o mais comum *Muári*, derivado, possivelmente, do termo *muri*, que significa "vós sois".[262]

[260] Cf. L. Frias, "Recuperação da memória banto", em: *Jornal do Brasil*, 7-12-1996, p. 4.

[261] V. G. Silva, *Candomblé e Umbanda, Caminhos da devoção brasileira*, p. 28.

[262] N. Lopes, *Bantos, malês, identidade negra*, p. 123, 127-128.

Dessa complexa religiosidade, bem pouco sobreviveu no Brasil. Do que restou, se conhece a crença no ser supremo *Zambí* ou *Nzambi* (de Angola), ou *Zambi-ampungu* (do Congo), a entidade *Canjira-Mugongo* e alguns outros espíritos, originários do Congo e de Angola, sobretudo das partes em que já penetrara a ideia do Deus cristão.[263]

Sabe-se também que em alguns cultos bantos o grão sacerdote se chamava "Quimbanda" (ou *Ki-mbanda*), que era, ao mesmo tempo, médico, adivinho e feiticeiro. Os espíritos eram objeto de práticas mágicas, mas é quase certo que não cultuavam as forças da natureza e, menos ainda, os *orixás* ou *voduns*. Esses últimos, espécie de ancestrais divinizados, são mais presentes na tradição religiosa jéje dos Ewe-Fon de Togo, Gana e, principalmente, Benin. Importante repetir que os detalhes religiosos das crenças dos bantos variam muito, ainda que conservem os elementos essenciais coincidentes. A parte sobre a convicção na existência da alma humana, e a prática de ritos de iniciação e uso de fetiches, determinados estudiosos argumentam que o sacro permeava e permeia a vida deles. Uma tentativa de síntese de suas crenças apontou alguns elementos principais, como segue:

1. A crença em dois mundos, visível e invisível;
2. A crença no caráter comunitário e hierárquico desses dois mundos;
3. A interação entre esses dois mundos, sem que a transcendência do mundo invisível prejudique sua imanência;
4. A crença em Deus, Criador e Pai de tudo o que existe.[264]

Vale recordar que houve um cristianismo banto, iniciado antes mesmo da chegada dos portugueses ao Brasil. Ele começou a tomar forma no ano de 1491 quando o *manikongo* (título local dado aos reis do Congo), chamado Nzinga, pediu e foi batizado, recebendo o nome de João I. Sucedeu-o seu filho, Afonso I (c. 1456 - c. 1542), que deu continuidade

[263] E. Carneiro, *Religiões negras, negros bantos*, p. 134.
[264] E. Anati, *Le origini e il problema dell'homo religiosus*, Editoriale Jaca Book, Milano 1989, p. 233.

à mesma prática, tendo, inclusive, mudado o nome da capital do reino, de Mbanza para São Salvador. Ele estava em contato com os portugueses, que, por meio de Diogo Cão, tinham chegado por lá em 1492; mas Portugal ficou surdo ao seu apelo para que enviasse missionários, e lhe causou grandes desgostos a causa do escravismo. O rei, contudo, não abandonou a fé católica e até enviou a Portugal um grupo de jovens para que se preparassem para o sacerdócio, dentre os quais se encontrava seu próprio filho Henrique. O filho do monarca foi ordenado padre e o soberano desejou que fosse erigida para ele uma diocese congolesa; mas a Santa Sé, seja a causa da concessão do padroado, que devido às pressões de Portugal, não acedeu. Por isso, Henrique pôde se tornar apenas bispo auxiliar, com o título de Ordinário de Útica. As decepções do rei não terminaram aí, pois, ao contrário de quanto almejava, sua capital tampouco foi elevada a diocese, malgrado Santo Tomé viesse a sê-lo em 1534. Afonso morreu afinal em 1541, não antes de ter uma última amargura, dois anos antes, quando um padre tentou assassiná-lo durante a missa da Páscoa.[265]

Mesmo assim, a expansão cristã entre os bantos prosseguiu, malgrado muitas vezes fizesse "concessões" à fé tradicional. Luís Viana Filho é do parecer – mas sem demonstrá-lo com fontes históricas consistentes – que o sincretismo religioso dos bantos com o Catolicismo já se processava com certa intensidade na África, quando o tráfico se iniciou.[266] A hipótese torna-se plausível, porque, de fato, eles demonstraram relativa facilidade de adaptação com a religiosidade do Brasil. O que nos interessa aqui em primeiro lugar é que, como se observa tantas vezes, elementos religiosos dos bantos sobreviveram no sudeste brasileiro. Eles teriam originado a "cabula", hoje desaparecida, a "macumba" e a "quimbanda", na área do Rio de Janeiro, Espírito Santo e São Paulo.

---

[265] H. Jedin (dir.), *Storia della Chiesa*, vol.VI, Editoriale Jaca Book, Milano 2001, p. 721-722.
[266] L. Viana Filho, *O Negro na Bahia*, p. 207.

b. Elementos religiosos sudaneses

Por sudaneses se entende o conjunto de povos da subárea da Costa da Guiné, de línguas bastante próximas, distribuídos por Daomé, Sudão, Costa do Marfim, Serra Leoa, Nigéria (com destaque para as cidades de Ilexá, Öyó, Kétu, Abeokutá, Ekiti, Ondô, Ijexá, Ëgbá e outras mais), Benin e lugares adjacentes. Era uma região conturbada, que, em tempos remotos, havia sido invadida pelos berberes nômades do Saara. Esses dominaram o grande império de Gana (terra dos ashantis e minas), fixando-se no vale entre os rios Senegal e alto Níger, até proximidades da Costa Atlântica, onde fundaram em 1240 o Império do Mali, que durou até 1670. A conquista de Gana marcou o início da penetração de populações parcialmente islamizadas, eivadas do espírito das guerras santas, que trouxeram suras do Alcorão e escritos com caracteres árabes. Esses povos vieram a ocupar grandes territórios da África intertropical: *fulas* ou *fulahs* na Guiné portuguesa; *tapas* ou *nupês* na Nigéria, província de Zara; e os *haussás* no norte da Nigéria e no Sudão ocidental. O Sudão foi o grande cadinho da fusão afro-islâmica. Com a decadência e fim do Mali no século XVII, seguiu-se longo período sangrento, que durou até o século XIX.[267]

No Brasil, os haussás muçulmanos perderam importância depois da fracassada revolta dos malês na Bahia, em 1835. A supremacia religiosa foi então assumida pelos nagôs, a quem se juntaram os jéjes (ewes). A Bahia foi a parte do Brasil onde se concentraram, inclusive por ser Salvador um dos lugares principais em que eram desembarcados e vendidos. Uma vez estabelecidos, a religiosidade nagô influenciaria os negros de outras províncias brasileiras, sobretudo do nordeste.[268] Isso aconteceu porque eles possuíam uma estrutura social e religiosa dinâmica que lhes possibilitou a infiltração nos demais grupos africanos, popularizando seus *orixás*, suas cerimônias e sua metafísica.[269]

[267] J. Sangirardi, *Deuses da África e do Brasil*, p. 18.

[268] J. Sangirardi, *Deuses da África e do Brasil*, p. 18-19.

[269] R. Bastide, *O Candomblé na Bahia*, p. 17-18.

Alerte-se, porém, que os grupos provenientes do sul de Daomé e do sudoeste da Nigéria, vasta área chamada "Yoru baland" ficaram conhecidos no Brasil com o supracitado e genérico nome de "Nagô". Por isso, assim como "yoruba" (também em função da língua, de igual denominação, que era falada por quase todos esses povos) tornou-se um termo de livre uso na Nigéria, da mesma forma "nagô" por cá foi aplicado coletivamente aos escravizados de cidades nigerianas (Kétu, Sabe, Öyó, Ëgbá, Ëgbado, Ijexá e Ijebu), que estavam vinculados por línguas similares. Mas, do mesmo modo que em suas regiões de origem todos se consideravam descendentes de um único progenitor mitológico, Oduduá, também no Brasil, há os que se dizem emigrantes do mítico lugar de nome "Ilé Ifé". É bom insistir que o termo "nagô" veio a ser utilizado não só em lugares habitados pelos yorubas em contato com eles, mas também a outros povos yorubas sem maior ligação. Isso é uma herança do colonialismo francês, que aplicou sem reserva o vocábulo dos "fon" aos demais yorubas.[270]

Muitos sudaneses, como os "jéjes" de Daomé e os "nagôs" (trazidos no último período da escravatura), foram levados para as capitais do nordeste, principalmente Salvador e Recife. O ativo comércio dos portos dessas cidades com a costa africana possibilitou aos nagôs um contato constante com as terras de origem, a ponto de se comunicarem mais em seu próprio dialeto que em português. Claro que as semelhan-

[270] O termo "nagô" apareceu no Novo Mundo pela primeira vez em 1756, num documento enviado à Bahia. Quanto a "yoruba", a citação da palavra é ainda mais tardia: ela só ficou conhecida no ocidente em 1826, num livro do Capitão Clapperton, que a utilizou para caracterizar o Reino Oyó. No que diz respeito à origem dos yorubas, afirma-se que eles eram apenas um conjunto de tribos humildes, que após a fundação de Ifé por Oduduá, tiveram certo desenvolvimento e assistiram a um processo de urbanização. Após fundar Ifé, Oduduá teria mandado seus descendentes fazerem o mesmo em regiões afastadas, aumentando a importância cultural yoruba. A religião acompanhou esse processo, e depois de adaptações e amálgamas progressivos de crenças vinda de várias direções, atingiu certa homogeneização, em que orixás como "Obatalá" assumiram um valor quase universal entre os yorubas. Porém as variações regionais permaneceram igualmente fortes: Xangô ocupa o primeiro lugar em Oyô e é desconhecido em Ifé, onde o deus do trovão é uma figura local chamada Oramfé. Também Oxum, muito marcante na região Ijexá, é totalmente desconhecida na região Egbá. Por sua vez, Iemanjá, que é soberana na região Egbá, não é sequer mencionada na região Ijexá (cf. P. Verger, *Orixás, deuses yorubas na África e no Novo Mundo*, p. 12-17).

ças existentes, sobretudo no tocante à comum origem mítica e a prática religiosa parecida, constituiu-se noutro fator de aproximação, dando--lhes um profundo senso de comunidade, e preservou o mais específico das suas raízes culturais.

A memória africana, como se viu, teve peso considerável nessa preservação, até porque a crença nos *orixás* estava ligada à noção de família. Família numerosa, originária de um mesmo antepassado, que engloba os vivos e os mortos. Segundo Pierre Verger, o *orixá* seria um ancestral africano divinizado, e o poder que tinha – *axé* –, após sua morte, teria a faculdade de manifestar-se momentaneamente em um dos seus descendentes durante um fenômeno de possessão por ele provocada. O escolhido para isso, chamado *Elegún*, teria o privilégio de ser "montado" (*Gún*) por ele, tornando-se assim o vínculo que lhe permite voltar a terra e receber as provas de respeito de seus descendentes que o invocam.[271]

2. Sucinta apresentação do sincretismo afro-brasileiro

O sincretismo foi um fenômeno abrangente entre os negros no Brasil, malgrado por vezes se objete que os islamizados malês nigerianos teriam se mantido refratários a certas mesclas.[272] Análises posteriores concluíram ser isso um equívoco concebido por Nina Rodrigues e legitimado por Roger Bastide, que teriam confundido o comportamento disciplinado destes com isolacionismo religioso. Reforça essa crítica o fato dos próprios Nina e Bastide haverem reconhecido que o islamismo malê, longe de ser "puro", possuía um caráter sincrético.[273] Outros pesquisadores insistem nesse aspecto, esclarecendo que eles, tanto no Rio

[271] P. Verger, *Orixás, deuses yorubas na África e no Novo Mundo*, p. 18-19.
[272] Cf. E. Carneiro, *Religiões negras, negros bantos*, p. 72.
[273] Cf. J. J. Reis e E. Silva, *Negociação e conflito. A resistência negra no Brasil escravista*, p. 110-111.

como na Bahia, ficaram conhecidos justamente como sendo "mestres da magia negra" e por carregarem amuletos no pescoço.[274]

Quanto aos demais grupos étnicos africanos, a mescla foi ainda mais profunda, pois, pertencendo a culturas diversas, com clãs e expressões religiosas distintas, foram obrigados a desagregar o seu modo de vida e a conviver com a diversidade africana sob os rigores do cativeiro. Nesse processo, conservou-se fatigosamente o substrato dos grandes relatos orais míticos (sobretudo nagô e yoruba), mas sem a riqueza de seus detalhes. O depauperamento do mito e do rito paulatinamente criou vazios na memória coletiva, que seriam preenchidos pelos elementos religiosos e ritos já existentes no Brasil.[275]

O Catolicismo popular assimilou parcialmente as antigas crenças e os desagregados cultos africanos no Novo Mundo, ainda que o assunto, como quase tudo o que diz respeito à escravidão e às suas sequelas, se preste a inevitáveis debates. Quando, porém, a discussão não se esgota na afirmação da "pertinácia dos oprimidos", torna-se possível considerar outros aspectos da complexa conjuntura sócio-religiosa de então.

Primeiramente, deve-se salientar que existia um ambiente religioso "receptivo" quando tais cativos desembarcaram, pois, os aborígenes brasileiros não eram ateus. Ao contrário, todas as nações indígenas possuíam suas crendices particulares, ainda que a maior parte do que delas se conhece tenha a ver com os grupos étnicos maiores, principalmente tupis-guaranis, ou mais raramente, dos gês (ou tapuias). Mesmo em relação a estes, convém advertir que muitas das informações disponíveis foram documentadas por missionários ou intelectuais europeus, cujas interpretações nem sempre eram demasiado isentas no tocante às manifestações cultuais não cristãs. Já no início do século XIX, aliás, os alemães da Baviera, Spix e Martius, duvidavam que o conceito de um

[274] L. M. Souza, *O diabo e a Terra de Santa Cruz*, p. 213.

[275] P. K. Iwashita, *Maria no contexto da religiosidade popular brasileira*, Imprimerie St. Canisius, Fribourg 1987, p. 46-47.

Deus criador, oposto ao demônio, existisse de fato entre os nativos, e argumentavam que a ideia que se tinha do ser supremo "Tupã" era mero fruto da influência missionária.[276]

Pois bem, as penosas condições da escravidão que induzia tantos negros à fuga, propiciou a muitos deles, bantos principalmente, a oportunidade de travar contato íntimo e duradouro com os índios. Em comum, entre ambos, havia o rancor contra os senhores brancos, e não foi raro que negros mantivessem relações com índias e se integrassem à vida das aldeias. Ao serem "adotados", os negros assumiam algo da herança religiosa dos seus acolhedores, como certas técnicas mágicas e o culto de alguns espíritos, o que originaria o "candomblé de caboclo". Tratava-se (e trata-se) de um candomblé inusitado que, ao lado dos *orixás*, cultua entidades indígenas, ainda que tidas como espíritos e não como divindades. Os iniciados com o tempo passariam também a evocar seres que curiosamente reproduzem nomes do romantismo indianista ("Iracema", "Ubirajara"...), praticando iniciações bastante simplificadas. Tais figuras se agrupam em duas categorias: "caboclo de pena" (em alusão aos penachos e cocares dos índios) e "caboclo de couro" ou "capengueiro", cuja estética, marcada por vestimentas de couro, lembra o vaqueiro nordestino.[277] Existem pesquisadores que relativizem o fenômeno, alegando que não existe sincretismo afro-ameríndio, mas apenas algumas personificações ou traços indígenas incorporados pelos cultos de matriz "afro".[278]

Afora certas afinidades com os índios, também em relação aos portugueses, os negros teriam "pontos de encontro". O motivo é que havia toda uma tradição de "artes mágicas" na metrópole, bem codificada em livros, que não tardou a desembarcar no Brasil. Algumas dessas obras são publicadas até hoje, como o *Livro de São Cipriano* (e títulos afins), o *Livro da Bruxa ou a feiticeira de Évora*, o *Livro do Feiticeiro* e *Cruz de*

[276] Cf. J. B. Spix e C. F. P. Martius, *Viagem pelo Brasil (1817-1820)*, vol. I, p. 255.
[277] R. Lody, *Candomblé, religião e resistência cultural*, p. 14, 32.
[278] Cf. J. Sangirardi, *Deuses da África e do Brasil*, p. 43, 59.

Caravaca. Igualmente comuns em Portugal eram as crendices medievais sobre fadas, gnomos e bruxas voadoras, difundidas com prodigalidade. A imensidão territorial da colônia também influiu, por tornar inacessíveis lugares inteiros, ao que se somava o analfabetismo quase geral. Essa situação persistia ainda no início do século XIX, como pode testemunhar Tollenare: "Os moradores vivem isolados, longe de toda autoridade civil e religiosa, sem conhecer, por assim dizer, o valor da propriedade".[279]

A fé então praticada se fundamentava mais em devocionismo que em doutrina, dando amplo espaço às exterioridades em vez da prática dos sacramentos. Daí, a aproximação do Catolicismo popular com o universo religioso de raiz "afro" se processou quase naturalmente, inclusive porque as dioceses eram pouquíssimas, o clero (sobretudo o secular) pouco culto, e a inquisição teve uma atuação modesta. Insista-se nesse último particular: apesar das leituras "fantásticas" criadas em torno daquele tribunal, ele jamais foi efetivamente estabelecido no Brasil. Nem na metrópole, para dizer a verdade, a inquisição teve a atividade sanguinária que se quis lhe atribuir. É verdade que o papa Paulo III (1468-1549), por meio da bula *Cum ad nihil*, de 23-08-1536, autorizou o estabelecimento da inquisição em solo português, cuja atuação se estenderia até 31-03-1821; porém, os números das execuções que esta realizou devem ser redimensionados. Trata-se de um fato matemático: os três tribunais lusitanos, sediados em Lisboa, Coimbra e Évora, condenaram à morte, respectivamente, 366, 355 e 351 réus; mas, e aqui vai outra ressalva que os historiadores geralmente omitem, dentre os executados, somente uns poucos, os irredutíveis, foram queimados vivos,[280] pois a maioria era "garroteada" (estrangulada), tendo o corpo depois dado às chamas. No que diz respeito ao Brasil, a atividade inquisitorial não foi além de visitações feitas à Bahia e Pernambuco em 1591, de novo à

[279] L. F. Tollenare, *Notas dominicais*, p. 96.

[280] M. C. de Lima, *breve história da Igreja no Brasil*, p. 70; Arnold Wiznitzer, *Os judeus no Brasil colonial*, p. 101.

Bahia, em 1618; e ao Grão Pará e Maranhão, em 1763 – 1768.[281] Outro dado de suma importância: justamente porque a pena capital era pouco aplicada em Portugal, a metrópole optou por deportar para o Brasil as mulheres acusadas de feitiçaria. O resultado foi previsível: as capitanias coloniais se encheram de benzedeiras e milagreiras.[282]

A independência brasileira, acontecida em 1822, agravou ainda mais essa situação. Elementar: à classe política nacional, infiltrada de regalistas e maçons, interessava mais sujeitar o clero ao Estado que resguardar a "reta doutrina" católica. Isso, por vezes, manifestou-se de modo explícito, como no caso da Revolta dos Malês em 1835. Depois que ela foi debelada, as autoridades baianas, segundo consta, teriam passado a tolerar a religiosidade de matriz "afro", para extirpar de vez a influência do islã.[283] Fatos inusitados aconteciam noutros lugares: em Recife, justo naqueles tempos, o *Diário de Pernambuco* publicou um anúncio em que se oferecia "uma boa paga a qualquer pessoa curandeira que se propunha a curar um doente que padeça de uma dor no estômago..."[284]

2.1. A articulação dos cultos sincretistas

As primeiras menções de formas religiosas mistas, segundo o etnólogo francês Pierre Verger, datam do final do século XVII, por ocasião de uma das visitas do Santo Ofício.[285] Só no século seguinte, entretanto, que elas começaram a ganhar destaque nos registros. Uma das manifestações mais antigas de que se tem notícia é o "Calundu", vocábulo de

[281] A fragilidade da inquisição no Brasil ficou evidente quando o bandeirantismo ganhou importância. No século XVIII os bandeirantes paulistas passaram a atacar sistematicamente as reduções indígenas organizadas pelos jesuítas, e pairou sobre eles a ameaça de envio da inquisição para coibir seus abusos. Longe de se intimidar, estes retrucaram desafiadores que receberiam os inquisidores a flechadas. De fato, o Santo Ofício jamais puniu qualquer um deles (cf. J. R. Santos et alii, *História nova do Brasil*, vol. IV, p. 80).

[282] S. Boccia, "As bruxas paulistas", em: revista *Veja*, n. 41, p. 63.

[283] D. Freitas, *Escravos e senhores de escravos*, p. 77.

[284] J. Duarte, *A história contada pelo diário*, Fundação Assis Chateaubriand, Recife 2005, p. 35.

[285] P. Verger, *Orixás, deuses yorubas na África e no Novo Mundo*, p. 26.

origem banto, mais exatamente do quimbundo, significando "espírito de um antepassado remoto". Enquanto prática religiosa, o Calundu parecia ser mais um conjunto de crenças com invocação de espíritos, possessões, adivinhações, sacrifícios de animais, banhos de ervas, ídolos de pedra, danças rituais e cantigas ao som de instrumentos de percussão. Um dos primeiros a descrever quanto acontecia foi o Pe. Nuno Marques Pereira (1652-1728), após se hospedar numa fazenda do recôncavo baiano. Ele tomou nota do que presenciou na obra *Compêndio narrativo do peregrino da América*, publicada em 1728, onde dizia:

> Não era ainda de todo dia, quando ouvi tropel na calçada da varanda, e considerando andar nela o dono da casa, me pus de pé. E, saindo da câmera o achei na varanda, e lhe dei os bons dias, e ele também a mim. Perguntou-me como havia eu passado a noite, ao que lhe respondi: bem de agasalho, porém desvelado, porque não pude dormir toda a noite. Acudiu-me ele logo, perguntando que causa tivera. Respondi-lhe que fora procedido do estrando de tabaques, pandeiros, canzás, botijas, e castanhetas; com tão horrendos alaridos, que me representou a confusão do inferno. [...] Senhor, me disse o morador, se eu soubesse que havíeis de ter esse desvelo, mandaria que essa noite não tocassem os pretos seus Calundus.
> Agora entra meu reparo, lhe disse eu: pois, senhor, que cousa é Calundus? São uns folguedos ou adivinhações, me disse o morador, que dizem esses pretos que costumam fazer em suas terras, e quando se achan juntos, também usam deles cá, para saberem várias cousas, como as doenças de que procedem, e para adivinharem algumas cousas perdidas, e também para terem venturas em suas caçadas e lavouras e para outras muitas cousas.[286]

O calundu, ainda que presente em algumas outras capitanias, ao que parece, ficou restrito ao ambiente das fazendas até deixar de ser mencionado; mas o aumento dos negros livres e o lento crescimento de algumas cidades, com seus escravos urbanos, forneceram as condições ideais

[286] N. M. Pereira, *Compendio narrativo do Peregrino da America, em que se tratam vários discursos*, Oficina de Antônio Vicente da Silva, Lisboa 1740, p. 115-116.

para que os cultos de matriz "afro" se desenvolvessem. O fenômeno no período imperial se avolumou, pois, como se viu, a Igreja, esvaziada pela ação do regalismo, não tinha meios para esboçar reação, donde resultou no aparecimento contínuo de casas de candomblé e locais de culto da "cabula" na segunda metade do século XIX.[287]

Por razões pouco claras, a cabula desapareceu; mas a multiplicidade de elementos religiosos de cada uma das nações africanas, mesclada com as manifestações regionais da religiosidade popular católica, produziu cultos outros, com variadas características, a saber:

– "Casa da Mina" ou "Tambor de Mina": considerado o mais antigo culto de raiz "afro" ainda em atividade no Brasil, suas manifestações acontecem no Maranhão e no Pará. É chamado assim porque teve como iniciadores escravos fanti-ashanti aprisionados no forte português São Jorge de Mina, localizado onde hoje se acha a cidade de Elmina, em Gana, na costa da África Ocidental. A existência do "tambor de Mina" foi registrada por primeira vez em São Luís, MA, no ano de 1796. As características que possui são essencialmente daomeanas. Outra manifestação sua é a "Casa de Nagô". Constata-se que nos terreiros maranhenses os jéjes sofreram um processo aculturativo com *orixás* nagôs, caboclos e santos católicos. Pierre Verger teorizava ter sido Nã Agotime a fundadora da Casa da Mina. Ao que parece, ela era viúva do rei Agonglô e mãe do rei Ghezo (1818-1858); mas terminou vendida como escrava e forçada a vir para o Brasil por iniciativa de Adandozá, meio irmão de Ghezo.[288]

– "Pajelança": nome que recebem os cultos afro-ameríndios no Amazonas e no Pará. Esses possuem um correspondente no nordeste, que é o "Catimbó" (onde são menos numerosos os elementos africanos), e em ambos o culto é incumbência do líder religioso e os adeptos são quase que visitantes que apenas o procuram quando se faz necessário

[287] Cf. V. G. SILVA, *Candomblé e umbanda, caminhos da devoção brasileira*, p. 43-54, 85.

[288] V. G. da Silva (Org.), *Caminhos da alma: memória afro-brasileira*, Selo Negro Edições, São Paulo 2002, p. 41.

superar alguma dificuldade. A doutrina está fundamentada principalmente em dois pontos: o "mundo dos encantados" e a "jurema". Esta última é uma planta considerada portadora de força divina desde que a Virgem Maria, durante a fuga para o Egito, teria escondido dentro de uma delas o menino Jesus. Suas raízes são utilizadas na invocação dos espíritos, mas é um alucinógeno.

– "Batuque": é próprio do Rio Grande do Sul, principalmente de Porto Alegre. Assemelha-se às manifestações baianas, mas as celebrações são bem mais simplificadas. Há ainda outras particularidades: enquanto que no nordeste uma pessoa só pode incorporar um *orixá* no culto, no sul se conhece a possibilidade de se incorporar vários deles. Também a autoridade do babalorixá é muito menor.[289]

– "Xangô": não confundir com o *orixá* do mesmo nome. Aqui se trata de um culto que acontece em Pernambuco, na Paraíba e em Sergipe. As suas características são bantas.

– "Canjerê": inspirado na religiosidade dos bantos, possui uma importância pequena no sudeste do Brasil. Geralmente se constitui numa reunião "fetichista", também denominada de "macumba". Aires da Mata Machado Filho explica que em Minas Gerais o canjerê é simplesmente chamado de "feitiço".[290]

– "Macumba": provável "filha" da extinta cabula, tornou-se uma denominação genérica, por vezes preconceituosa, que designa não só cultos de matriz "afro", mas práticas mágicas diversas. O termo e suas aludidas práticas são comuns no Rio de Janeiro, Espírito Santo e São Paulo.

As maiores manifestações dos cultos sincretistas, no entanto, são o Candomblé e a Umbanda. A propósito, certos intelectuais dissentem da afirmação de que os candomblés da Bahia, certos centros de xangô, em Pernambuco, e a Casa de Mina, em São Luís do Maranhão, mantêm fielmente as tradições africanas, isentas de mescla. Eles alegam que, ape-

[289] Cf. V. J. Berkenbrock, *A experiência dos orixás*, p. 164, 166.
[290] A. M. Machado Filho, *O negro e o garimpo em Minas Gerais*, p. 68.

sar desses cultos terem perpetuado o espírito e a substância da religiosidade de diversas regiões africanas, por motivos diversos não conservaram em todos os pormenores os mesmos mitos e rituais professados nos locais de origem. Houve, segundo eles, adaptações e reinterpretações.[291]

2.2. O Candomblé

Típico culto baiano, atualmente o Candomblé tem ramificações noutros estados e mesmo no estrangeiro. A origem é predominantemente sudanesa (jêje-nagô), mas, ao que parece, seu apelativo tem raiz banto, tomada do termo *kandombile* (sinônimo de culto e oração),[292] ou quiçá, se trate da associação de *kiandombe* (negro) + *mbele* (casa), significando "casa dos negros". Há ainda quem argumente que o termo se originou da junção dos radicais *Ka* + *ndumbe* (principiante) + *mbele* (casa), querendo eventualmente dizer "casa dos principiantes" ou "iniciação".[293]

Devido à citada convivência imposta pela escravidão, as matrizes religiosas africanas do candomblé se cruzaram em solo brasileiro, gerando uma novidade que, mesmo mantendo reconhecidas afinidades, não possui um exato correspondente no outro lado do Atlântico. Mais que isso: sequer o nome "candomblé" é aplicado a qualquer culto da África negra.

Uma das mais antigas menções existentes sobre as práticas do candomblé data de 1826, num documento atestando que africanos ligados ao levante do Quilombo do Urubu, situado nas matas do sítio de Cajazeira, não muito distante de Salvador, BA, teriam se refugiado numa "casa a que se chama do Candomblé".[294]

Estudos apontam que foi atrás da igreja de Nossa Senhora da Barroquinha, na mencionada Salvador que, por volta de 1830, três africanas – Adetá ou *Iyá* ("mãe" em yoruba) Detá, *Iyá* Kalá e *Iyá* Nassô –, prove-

[291] R. CINTRA, *Candomblé e umbanda, o desafio brasileiro*, p. 141-142.
[292] R. LODY, *Candomblé, religião e resistência cultural*, p. 8.
[293] N. LOPES, *Bantos, malês, identidade negra*, p. 165.
[294] J. J. REIS E E. SILVA, *Negociação e conflito. A resistência negra no Brasil escravista*, p. 41.

nientes de Oyo (Nigéria) e Ketu (Benin), organizaram o primeiro templo (*Ilê Axé*) candomblecista brasileiro que, em honra de uma das mencionadas fundadoras, Francisca da Silva, a citada *Iyá* Nassô, passaria a se chamar *Ilê Axé Iyá Nassô Oká*. Transferido depois para o Engenho Velho, onde até hoje se acha, este recebeu a alcunha de "Terreiro da casa branca" e, direta ou indiretamente, propiciaria o ulterior nascimento de diversos congêneres. Isso começou cedo: a sucessora da *Iyá Nassô* foi Marcelina da Silva, a *Obá* T*ossi*, e com a morte desta, Maria Júlia Figueiredo (ou *Omoniquê*) e Maria Júlia da Conceição Nazaré, disputaram a liderança. Venceu a primeira, e Maria Júlia da Conceição e companheiras se afastaram, instituindo no ano de 1849 o *Ilê Iyá Omi Axé Iyamassê* (Terreiro de *Gantois*). Pulquéria Maria da Conceição Nazaré (1841-1918), filha da dissidente, tornaria-se a segunda *iyalorixá*, e, naquela casa, a partir de 1922 se notabilizaria a quarta titular, Maria Escolástica da Conceição Nazaré, a "mãe Menininha" (1894-1986). Enquanto isso, novo desacordo eclodira no *Ilê Axé Iyá Nassô Oká*. Tendo morrido Maria Júlia Figueiredo, sucedeu-a Ursulina de Figueiredo ("mãe" Sussu) e, quando também esta se foi, Eugênia Ana Santos, a "mãe" Aninha ou *Obá Biyi* (1869-1938), desejou que Joaquim Vieira da Silva ("tio" Joaquim) assumisse o comando da casa. Saiu derrotada, pois, Maximiana Maria da Conceição ("tia" Massi) se tornou a nova principal. Então, "mãe" Aninha e os demais divergentes em 1910 fundaram outro terreiro, o *Ilê Axé Opô Afonjá*, no bairro de São Gonçalo do Retiro. Inicialmente ele foi dirigido por "tio" Joaquim e, após sua morte, teve como nova líder a supracitada Aninha, que como tal permaneceria até 1938. Ficaria no seu lugar Maria da Purificação Lopes ("Bada de Oxalá") e, a partir de 1942, uma terceira *iyalorixá*: Maria Bibiana do Espírito Santo, a "mãe Senhora" (1942-1967).[295] Depois dela viriam "mãe" Ondina (1968-1976), "mãe" Stella de Oxóssi (1976-2018) e "mãe" Ana de Xangô (2019-).

Sempre em Salvador, é igualmente digno de nota o *Ilê Marioiá Láji*, vulgo terreiro do *Alaketu*. Nele se destacaria a quarta *iyalorixá*, Olga Fran-

[295] Cf. M. Sodré – L. Lima, *Um vento sagrado*, MAUAD, Rio de Janeiro 1996, p. 127.

cisca Régis, a "mãe" Olga do Alaketu (1925-2005), tornada tal em 1948, depois de ter sido preparada por sua genitora, Dionísia Francisca Régis. Olga instruiria vários outros líderes candomblecistas. Como o terreiro *Alaketu* é de sucessão sanguínea, a "mãe" seguinte foi sua própria filha, Jocelina Barbosa Bispo, a "mãe" Jojó. Outro terreiro conhecido em Salvador é o *Ilé Òsùmàrè Aràká Àse Ògòdó*, a Casa de Oxumarê. Ali, Maria das Mercês dos Santos (1883-1948), a "mãe Cotinha de Iyèwá", tornaria-se a primeira mulher a assumir a chefia, coisa que aconteceu em 1927.

2.2.1. As controvertidas interpretações históricas

Vez por outra se alega que o candomblé foi e é para certos afrodescendentes uma "religião de resistência", fazendo supor que o "dominante" e "oficial" Catolicismo teria sido seu eventual contraponto. Porém, a análise atenta dos fatos evidencia uma realidade histórica bem mais complexa. Considere-se, por exemplo, que o candomblé se afirmou justamente na fase mais rígida do regalismo, sistema que entravou a ação pastoral da hierarquia eclesiástica. Por isso, apesar dos católicos serem então majoritários no Brasil, o corpo ministerial que os servia ficava bem atrás do clero que atendia à minoria católica dos Estados Unidos. Essa diferença teve como uma de suas causas a premissa colocada acima: na sociedade estadunidense nenhum culto se encontrava subjugado pelo Estado. Disso resultou uma configuração confessional igualmente diversa em que, ao contrário do Brasil, no contexto *yankee*, a religiosidade de matriz africana praticamente sumiu.

Outro exemplo de como a política se tornou determinante para a sobrevivência da religiosidade de raiz africana é o Haiti. Após a proclamação da independência em 1804, setores governativos daquele país impuseram o anticlericalismo, confiscando propriedades eclesiásticas e deportando o clero estrangeiro. O próprio Legado Pontifício Glori foi expulso no ano de 1822, após o que a Igreja haitiana se encontrou numa espécie de cisma até 1860. Terminou porque, no ano anterior, caído Faustin-Élie Soulouque (1782-1867), autoproclamado imperador uma década antes, o novo Presidente, Fabre-Nicholas Geffrard (1806-1878), enviou o embaixador Pedro Faubert a Roma, reatando relações. Afinal se concluiu uma concordata com a Santa Sé e a situação pareceu se normalizar; porém, o enfraquecimento do clero, mais a escassez de sacerdotes durante dezenas de anos, favoreceu a consolidação do vodu.[296]

As analogias com o Brasil são inevitáveis, até porque a "sucateada" Igreja nacional chegou à República em 1889 com apenas 12 dioceses e pouco mais de 700 padres. Não foi por outro motivo que o maçom (e futuro presidente) Campos Sales, quando impôs por decreto o casamento civil, tornando-o inclusive obrigatório antes daquele religioso – que o Estado sequer reconhecia – declarou com empáfia: "No Brasil o clero não representa uma força como na França e na Alemanha..."[297]

Não representava mesmo, e o suposto poder de "coação" católico no século XIX deve necessariamente ser redimensionado. Mais plausível é sustentar que o que houve no país por parte dos seguidores de tradições religiosas de matriz africana foi continuidade com assimilações, acomodações e sincretismos. A propósito, a repressão mais truculenta a esses cultos ocorreu não no período confessional do Estado e sim durante a república laica. É verdade que o artigo 72 §3 da Constituição de 1891 assegurou a liberdade de crença a todos os indivíduos e confissões;[298] porém manteve no *Código Penal,* aprovado no dia 11 de outubro do ano precedente, o artigo 157 autorizando a repressão do "espiritismo, magia e sortilégios", assim como cartomancias e uso de talismãs. Também estabelecia a prisão de um a seis meses e multa de 100 a 500 mil réis para quem os praticasse.[299]

Apoiando-se nesse dispositivo, o delegado Pedro de Azevedo Gordilho (1885-1955), entre 1920 e 1927, realizaria ações repressivas em Salvador, BA, invadindo terreiros, interrompendo ritos e confiscando

[296] J. L. González – C. Cardoza, *Historia general de las misiones*, Editorial Clie, Barcelona 2008, p. 290.
[297] D. Abranches, *Atas e atos do governo provisório*, Imprensa Nacional, Rio de Janeiro 1907, p. 62.
[298] *Constituição da República dos Estados Unidos do Brasil*, Imprensa Nacional, Rio de Janeiro 1891, p. 25.
[299] *Código Penal brasileiro*, 2ª ed., Livraria Acadêmica, São Paulo 1929, p. 184.

objetos de culto. O propósito dele, porém, era "civilizatório" antes que religioso, pois tinha certas afinidades com teorias raciais "científicas". Isso inclusive o levava a combater outras manifestações de raízes africanas, como a capoeira. Analogamente, em nome da "razão" e da "evolução" que diziam representar, os kardecistas, a partir da década de 1910, começaram a se autodenominar de "alto espiritismo", distinto dos cultos de raiz "afro", taxados de "baixo espiritismo".[300]

Mesmo assim, constata-se que os questionamentos habitualmente se voltam para a postura católica ante as manifestações religiosas de matriz africana. Isso inclusive gera situações insólitas, pois, malgrado tenha sido Getúlio Vargas, como se verá adiante, o primeiro chefe de estado a liberar a prática dos cultos afro-braileiros, esporadicamente alguém o associa à instituição eclesiástica no que tange à repressão do "povo de santo".[301]

2.2.2. A compleição organizativa e ritual do candomblé

Discussões a parte, no candomblé se destaca o culto dos *orixás*, que superavam o número de 200 na África ocidental e ficaram reduzidos a 18 no Brasil. Etimologicamente, o vocábulo *orixá* significaria "luz que eleva", por derivar da justaposição de "*ori*" (cabeça) + "*xá*" (iluminação").

O ser supremo – e único nesta categoria – para os candomblecistas é *Olorum*, senhor do céu (*Orun*, em contraposição ao universo físico, o *Aiê*), criador dos *orixás*, dos homens e de todos os seres. Por meio de seu sopro divino ele insuflou na criação o *axé* (poder), que se manifesta nos mais diversos sentidos. Numa pessoa, por exemplo, o *axé* propicia que a força divina seja percebida. Entretanto, *Olorum* não é cultuado diretamente e acredita-se que a ação que desenvolve se dá por meio dos citados *orixás*, sendo o primeiro e maior deles, filho direto seu, *Obatalá*

---

[300] A. B. Fonseca, *Relações e privilégios: estado, secularização e diversidade religiosa no Brasil*, Editora Novos Diálogos, Rio de Janeiro 2011, p. 75.

[301] V. G. Costa, *E do dendê!: história e memórias urbanas da nação Xambá no Recife (1950-1992)*, Annablume, São Paulo 2009, p. 52-53.

(junção de *oba* – rei + *alá* – branco), também denominado de "Oxalá".[302]

A identidade do candomblé segue soluções étnicas – e não políticas – das assim chamadas "nações do candomblé" ("jéje" e "kétu", por exemplo, não eram unidades nacionais), e observa a seguinte divisão: nação Kêtu-Nagô, nação Jexá ou Ijexá, nação Jéje (fon), nação Angola (banto), nação Congo (banto) e nação de caboclo (modelo afro-brasileiro).

As celebrações são animadas por quatro instrumentos musicais: atabaque (uma espécie de tambor de três tamanhos e com nomes distintos. São eles: "Run", maior e de registro grave; "Rumpi", médio no tamanho e no registro; e "Lé", menor e de tom agudo), agogô (sino de percussão), chocalho e cabaça. Essas cerimônias, bem como as demais atividades do candomblé, são levadas a cabo numa casa que comumente tem cor branca, o "terreiro" (também chamado de "casa de santo" e nomes outros), que pode igualmente receber apelativos africanos, tipo *Ilé axé* se a matriz é yoruba; *kwe, abassá* ou *humpame* se é fon; e *mbazi* ou *canzuá* no caso dela ser banto.

Ditos locais são dotados de algumas partes conhecidas: *peji* (em nagô, ou *côme*, em jéje), espaço reservado aos iniciados dali, em que são colocados os altares com os objetos simbólicos dos *orixás*; o "barracão", sala grande onde acontecem as cerimônias públicas; e a "camarinha", a que se recolhem as *yaôs* durante a iniciação.[303] Do lado de fora os terreiros contam também com uma área verde ("o mato"), dotada de árvores e arbustos, além de numerosas ervas cultivadas, que servem de ingredientes para as celebrações. Os terreiros funcionam de modo hierárquico, com precisa definição de funções. A organização de cada um deles acontece segundo as "nações" anteriormente mencionadas, o que motiva variantes terminológicas no tocante aos cargos existentes. A estrutura interna, contudo, é semelhante, mas não há um organismo centralizador para todos.

[302] E. Leite, *Maria e Iemanjá*, Editora Ave Maria, São Paulo 2003, p. 127.
[303] H. Schlesinger – H. Porto, *Dicionário Enciclopédico das Religiões*, Editora Vozes, Petrópolis 1995, p. 493.

As iniciações são longas e complexas, a saber: a) *abiã*: categoria dos recém-admitidos, que prosseguirão na formação, se isso for do agrado do *orixá*. Esses ajudam em funções menores. No candomblé ketu os *abiãs* são instruídos por um *agibonã* ("pai" ou "mãe" pequenos). b) *Yaô* ("filha de santo"): depois da admissão, o "noviço" ou a "noviça" receberá outro nome para uso no terreiro e observará um aprendizado de sete anos. Sua cabeça será raspada, simbolizando um novo nascimento. Terá então um *orixá* "assentado", com o qual entrará em transe. A cerimônia em que um *abiã* se torna *yaô* recebe o nome de *igberé*. c) *Ekedy* (que, de acordo com a "nação" a que pertença pode receber também o apelativo de àjòyê, ìyároba, ou *makota*): trata-se de quem cumpriu o ciclo da iniciação, e que age como uma espécie de "camareiro" (a) do terreiro. Após isso, terá a possibilidade de se tornar um *babalorixá* ("pai de santo") ou uma *iyalorixá* ("mãe de santo"), podendo abrir um terreiro novo. Caso continue na mesma casa, será facultado a ele de se tornar um "pai pequeno" (*babakekerê*) ou "mãe pequena" (*iyá-kekerê*), instruindo iniciados e organizando rituais. Quando o "pai" ou "mãe de santo" vem a faltar, a sucessão nos terreiros, que não adotam a tradição familiar, acontece por meio do jogo de búzios. Naquela ocasião, segundo os seguidores, uma das entidades cultuadas indica o nome, coisa que se percebe interpretando as conchas. Há, porém, casas de candomblé que são mistas, isto é, são dotadas de "pai" e "mãe" de santo.

O terreiro é dotado de ofícios mais, como o da *Iyabassê* (mulher que prepara as comidas de santo) e as várias funções masculinas dos *Ogãs*. Os membros dessa última categoria não entram em transe e cuidam dos serviços e da harmonia dos terreiros em variados modos. Também aí há algumas distinções terminológicas entre as "nações". No candomblé jéje se distingue o *pejigan*, *ogã* geralmente mais idoso e bem informado, que cuida do *peji*; o *alabê* ou *alagbê*, responsável pelos atabaques e toques (cada orixá, vodum ou inquince tem o seu), e o *axògún*, ministro de culto que realiza o abate ritual de animais. *Pejigan*, *axògun* e *alagebê* são chamados de igual modo no candombe kétu. O *ogã* age ainda como "diretor espiritual" e instrutor, dado o domínio que tem das rezas e fundamentos de cada orixá. Ele conduz igualmente o entoar dos cantos e as funções celebrativas.

Nisso tudo se destaca o *babalorixá*, chefe que age como uma espécie de sacerdote, que se mantém graças aos "trabalhos" que realiza, e às iniciações e consultas que leva a cabo. Sua análoga feminina é a supracitada *iyalorixá* ("mãe de santo"). Ao lado de ambos atuam os "filhos" e as "filhas" de santo (*yaô*), já mencionados. Uma *iyalorixá* (ou seu correspondente masculino) possui um *axé* mais elevado e efetivo. O termo *axé*, visto anteriormente, deriva do vocábulo yoruba Àṣẹ e que pode ter significados outros. Ele qualifica sobretudo a força vital da criação e, mais especificamente, a energia sagrada dos *orixás*. Por isso, uma *iyalorixá* pode ser chamada de *yalaxé*. Outro particular: de um lado, o candomblé reúne o grupo de membros, e doutro, os praticantes e fiéis de seus diversos segmentos sociais.[304]

Desde a década de 1960 tem se verificado um movimento em prol da africanização e dessincretização do candomblé. Por ironia, sucede o contrário no continente africano, cada vez mais cristão e muçulmano e sempre menos ligado às suas crenças tradicionais.

2.3. A Umbanda e o Omolokô

Não há consenso sobre a origem do vocábulo "umbanda". Uma das explicações sustenta que ele tem a ver com o chefe de culto banto, ainda hoje chamado assim em Angola;[305] porém, há mais duas versões a respeito. Uma segunda é do parecer que esse termo deriva do idioma *mbundo* e de outras etnias do sul de Angola, significando "magia" e "arte de curar", ao passo que a terceira explicação diz que a citada palavra corresponderia a "desvendar". Sabe-se ainda que nos primórdios a umbanda recordava algo da *Mahamba* de Angola e do *Pepe* de Moçambique.[306]

[304] R. Lody, *Candomblé, religião e resistência cultural*, p. 45.

[305] B. Kloppenburg, *Espiritismo: orientação para os católicos*, 8ª ed., Edições Loyola, São Paulo 2005, p. 35-36.

[306] N. Lopes, *Bantos, Malês e identidade negra*, p. 167.

Como culto organizado, a umbanda começou a tomar forma por iniciativa de Zélio Fernandino de Morais (1891-1975), adolescente branco e de família fluminense radicada em São Gonçalo. Ele sofreu alguns achaques e, no dia 15-11-1908, os parentes o levaram a uma sessão da Federação Espírita de Niterói, então presidida por José de Souza. Lá, de acordo com seus seguidores, teria se manifestado nele o "caboclo das sete encruzilhadas", o que levou Zélio a deixar de lado o "espiritismo de mesa" kardecista e iniciar, no dia seguinte, um culto alternativo, mais aberto a entidades negras, mestiças e indígenas. Esse primeiro núcleo (tenda "Nossa Senhora da Piedade"), começou a funcionar à Rua Floriano Peixoto, 30, no bairro Neves, da citada São Gonçalo, à qual se seguiram em 1918 sete outras fundações.

A nova organização religiosa não parou de crescer e, em 1939, surgiria no Rio de Janeiro a "Federação Espírita de Umbanda", com o objetivo de afirmar a identidade e a coordenação cultual dos iniciados. Ato contínuo, de 19 a 26 de outubro de 1941, sempre no Rio, a mesma Federação promoveu seu primeiro congresso de umbanda, para normatizar as próprias crenças. Ali também foram assumidas as "sete linhas [ou 'vibrações'] da umbanda", na convicção de que cada uma delas reunia grande grupo de espíritos, sob a liderança de um *orixá*, na forma que segue: 1) Linha de Oxalá (religiosa); 2) Linha de Iemanjá (linha das águas); 3) Linha de Xangô (justiça); 4) Linha de Ogum (demandas); 5) Linha de Oxóssi (caboclos); 6) Linha de Yori (Ibeji – crianças); 7) Linha de Yorimá (pretos velhos). Seria como dizer que o Deus único, por meio dos *orixás*, versa sete essências que abarcam os diversos âmbitos existenciais humanos. Há ainda uma vaga concepção trinitária nisso tudo, dado que *Obatalá* é identificado com o Pai, *Oxalá* com Cristo (o Filho), e *Ifá* com o Espírito Santo; mas esses não corresponderiam às trinitárias pessoas divinas da teologia cristã, sendo mais percebidos como "seres superiores".[307]

[307] E. Leite, *Maria e Iemanjá*, p. 55.

Outro fato: cada "linha" é constituída por "falanges", sendo que os "falangeiros" se subdividem em duas categorias: os "guias", dotados de alto grau de iluminação, podendo orientar e conduzir pessoas "encarnadas", e os "protetores", parcialmente iluminados, que não guiam, mas protegem os humanos. Os membros das falanges também se agrupam em "linhas de trabalho" – esquerda e direita –, que não só se opõem, mas se complementam. À direita estão entidades como caboclos, pretos-velhos, baianos, *erês* (crianças, tipo os gêmeos Cosme e Damião, apesar de que tenham morrido adultos), marinheiros e outros mais; e à esquerda, os Exús e as Pombagiras. Os Exús são qualificados como intermediários entre homens e *orixás*. Para uns ele faz o bem, para outros é um ser neutro que pode ser usado pelo homem para maus fins. De qualquer modo, os Exús não são identificáveis com o demônio da teologia cristã. Nos cultos "afro", aliás, incluso o candomblé, a figura do diabo ou o conceito de inferno inexistem. Outro detalhe: é no âmbito das entidades de "esquerda" que se move a "quimbanda", variante bastante orientada à magia; mas seus defensores afirmam ser ela tão somente a outra face da umbanda.

Os umbandistas creem ainda que os "falangeiros" (mais especificamente os "guias") – não os orixás – "baixam" (se incorporam) sobre seus iniciados nos centros, sendo ditas entidades chamadas de "espírito de luz". Os espíritos maléficos, por sua vez, são denominados de "obsessores". As celebrações, geralmente noturnas, são denominadas "giras" (termo que também designa linhagens de *orixás*, agrupados segundo suas afinidades e graus de evolução) e muitas datas das festas religiosas umbandistas coincidem com as católicas. As "giras" têm como presidente um *médium*, chamado de "Babá", "pai de santo", "mestre" e apelativos mais. No seu decorrer se entoam "pontos cantados" ou *curimbas* (cantigas destinadas a chamar ou louvar entidades) e se fazem defumações. O ritual também se serve de velas, ervas, pedras e *pembas* (giz branco). Este último é usado para confeccionar os "pontos riscados", símbolos gráficos traçados no chão ou em tábua, por meio dos quais as entidades se identificam.

Há ainda as "giras internas", vedadas ao público, tendo como alvo quem busca "desenvolver a própria mediunidade", assimilar a doutrina estabelecida, ou então, para fazer a limpeza espiritual da "tenda". Convém salientar que não há uniformidade nos terreiros de umbanda, sendo numerosas as particularidades doutrinárias e celebrativas de cada um deles.

No seu conjunto, o umbandismo hoje se apresenta com duas tendências: a primeira e majoritária, com vários brancos na chefia, declara-se um fenômeno brasileiro antes que africano, distanciando-se de suas origens e se convertendo na mais permeável das manifestações sincretistas, o que a leva a absorver até elementos esotéricos orientais. A outra vertente da umbanda apela para os valores religiosos tradicionais da África, sendo comumente associada à supracitada "quimbanda". Porém, nas duas tendências, há um elemento comum: ao contrário do candomblé, os líderes religiosos nunca residem no edifício onde se realizam suas sessões.[308]

Digno de nota é que a corrente majoritária umbandista, na sua diversidade interna, aglutinou-se em segmentos (Umbanda de almas e de Angola, Umbanda Branca ou de Mesa, Umbanda de Caboclo, Umbanda exotérica, Umbanda iniciática e, coisa que muitos contestam, como se verá em seguida, o *Omolokô*). Boa parte dos centros da "Umbanda branca" mantêm ares de classe média, coisa que se reflete na decoração interna e em suas práticas. Por isso, em vez das elaboradas indumentárias do candomblé da Bahia se usam sóbrios e alvos jalecos, e os iniciados abandonaram o uso de ficar descalços, adotando tênis brancos. De igual modo, a defumação e os cumprimentos do altar se tornaram comedidos.

Do kardecismo à Umbanda, em geral, conservou a crença na reencarnação e na "evolução espiritual", que, supostamente, aconteceria por meio desta; mas se diverge dele pela manutenção de rituais detalhados, e por acreditar que, para além das almas desencarnadas (chamadas de *oguns*), existem também espíritos maus e *orixás*. Depois, ao contrário

308 R. Cintra, *Candomblé e umbanda, o desafio brasileiro*, p. 77-78; J. Sangirardi, *Deuses da África e do Brasil*, p. 49.

de quanto fazem os seguidores de Allan Kardec, os centros de Umbanda têm altar, estátuas de santos, quadros e velas, e também ritos chamados de "batismo", "confirmação" e "matrimônio", sendo igualmente realizados "ofícios fúnebres", "ofício de ação de graças" e celebrações mais.[309]

Um caso a parte é o *Omolokô*. Segundo Tancredo da Silva Pinto (1904-1979), protagonista da organização e difusão do citado culto no Brasil, a raiz desse provinha do povo africano Lunda-Quiôco. De fato, o *Omolokô* cultua *orixás*, caboclos e pretos-velhos, e para alguns, Tancredo mesmo procurou preservar suas raízes africanas; mas outros sustentam que, na prática, ele apenas criou mais uma variante umbandista. Entretanto, tampouco falta quem diga que o *Omolokô* não é umbanda, apesar de conter elementos dela. Acrescentam que, não sendo ele também candomblé, seria um meio termo entre ambos. Uma terceira opinião afirma que dita vertente, tendo uma ritualística própria, antes que uma umbanda africanizada, seria algo próximo do candomblé de caboclo.[310]

3. A versão sincretista da Virgem Maria

Associando-se por vezes a vertentes da antropologia cultural, certos defensores do candomblé negam todo e qualquer sincretismo deste com a fé católica. Segundo eles, o que houve foi um disfarce imposto pelas circunstâncias, criador de "distorções", e que por certo tempo obscureceu "o esplendor dos cultos africanos..."

Atitudes assim desconsideram o fato de que a realidade em questão tem a ver com o Brasil, país que não é exatamente o mais adequado para se aludir a "purezas" raciais e culturais. Compreensível, portanto, que persista a interpretação de que *orixás* africanos (que não são deuses e sim divindades) foram parcialmente identificados com santos católicos.

---

[309] P. C. Silva, *Ocultismo e Cristianismo*, Edições Loyola, São Paulo SD, p. 22-23, 26-27.

[310] S. M. Reis, *Universo Umbandista*, Clube dos autores, SNT, p. 133.

Isso teria acontecido mais pela função que pelo sexo, gerando o seguinte quadro:

- Exú – "sincretizado" com Santo Antônio e cultuado em 13 de junho;
- Ewá – Nossa Senhora das Neves – dia 5 de agosto;
- Iansã – Santa Bárbara – dia 4 de dezembro;
- Ibejí – São Cosme e São Damião – dia 27 de setembro;
- Iemanjá – Nossa Senhora da Glória – dia 15 de agosto;
- Iroko – São Miguel Arcanjo – dia 29 de setembro;
- Logum Edé – Santo Expedito – dia 19 de abril;
- Nanâ Burukê – Sant'Ana – dia 26 de julho;
- Obá – Joana D'Arc – dia 30 de maio;
- Obatalá ou Oxalá – Jesus Cristo – dia 25 de janeiro;
- Obaluaiê – São Roque – dia 16 de agosto;
- Ogum – São Jorge – dia 23 de abril;
- Omulú – São Lázaro – dia 17 de dezembro;
- Ossaim –São Benedito – dia 5 de outubro;
- Oxossi – São Sebastião – dia 20 de janeiro;
- Oxumaré – São Bartolomeu – dia 24 de agosto;
- Oxum – Nossa Senhora da Conceição – dia 8 de dezembro;
- Xangô – São Jerônimo – dia 30 de setembro;

No caso específico da Virgem Maria, tem-se procurado entender a gestação do fenômeno sincretista que envolve sua figura no Brasil por meio de delicada reconstituição histórica, empresa nada fácil, sobretudo porque quase todos os testemunhos de época foram deixados por brancos europeus. Com base nos relatos deles, a apropriação feita pelos negros da figura da Mãe de Deus teria começado pela invocação de seu papel protetor contra malefícios vários. Jean-Baptiste Debret, por exemplo, pode observar que uma negra com um cesto de frutas à cabeça, ao encontrar uma vendedora, que supunha inimiga, benzia-se exclamando: "cruz, Ave Maria, arruda!"[311]

Sempre nessa perspectiva, multiplicaram-se as "orações fortes" ("rezas bravas") a Maria, para "fechar o corpo" do suplicante e livrá-lo de

[311] J. B. Debret, *Viagem pitoresca e histórica ao Brasil*, p. 184.

todos os males, nas quais o substrato mágico da religiosidade do outro lado do Atlântico era patente. Tais curas sugestivas que curandeiros e negros, com seus amuletos e as suas ervas africanas utilizavam, chegaram a ser oficialmente reconhecidas por Dom João VI, que concedeu ao soldado Antônio Rodrigues, pensão anual de 40$000 "pelas curas que tem feito com palavras..." Com tão nobre aceitação, popularizaram-se os "pretos rezadores" que proferiam orações para "curar bicheiras", "atalhar sezões e maus olhados", nas quais a figura de Maria já possuía evidentes elementos sincréticos. Os dois exemplos que se seguem são ilustrativos:

1º – Oração para curar "espinhela caída":

> Na casa em que Deus nasceu, todo o mundo resplandeceu. Na hora em que Deus foi dado, todo o mundo foi alumiado. Seja em nome do Senhor esse teu mal foi curado. Espinhela caída e ventre derrubado, eu te ergo, curo e saro. – Fica-te espinhela, em pé! – Sant'Ana, Santa Maria, Em nome do padre, do filho e do Espírito.

2º – Oração para curar dores de dentes:

> Naquele monte mal-assente, estava São Quelimente; Nossa Senhora lhe disse: – Que tens tu, ó Quelimente? Dói-me o queixo e mais o dente! Queres que t'o benza, Quelimente? Quero sim, minha Senhora. Põe as tuas mãos plugadas sobre estas tuas pontadas que elas serão abrandadas. Padre nosso, Ave Maria, Paz teco, Aleluia".[312]

A evolução prosseguiu, atingindo toda uma gama de aspectos, como segue:

– muitos terreiros têm denominações marianas das mais diversas invocações, além de ostentarem vistosas imagens da Virgem e de outros santos;

[312] L. Edmundo, *O Rio de Janeiro no tempo dos vice-reis*, vol. III, p. 557-560.

– muitos adeptos dos ritos afro-brasileiros vão à missa ou rezam "devotamente" Pai-nossos e Ave-Marias, a pedido do próprio babalorixá;

– muitos catimbós do nordeste fazem a abertura do seu ritual entoando o "ofício de Nossa Senhora..."[313]

A estes exemplos, devem-se acrescentar as apropriações bíblicas, com a utilização de trechos do Evangelho da infância de Jesus. Para os bantos da Bahia, Cristo e Maria nos seus cultos têm funções em muitos pontos compatíveis com o Catolicismo:

> Valei-me, Nossa Senhora,
> Senhora do rio fundo!
> Valei-me, Nossa Senhora!
> Viva o Salvador do mundo!

... e se celebra piedosamente as festas da Virgem:

> Ô, que dia é hoje?
> Dia de Nossa Senhora,
> Nossa Senhora do rosário,
> Nossa Senhora das Candeias.[314]

Os exemplos se multiplicam e no nordeste do país é possível encontrar tranquilamente cultos sincretistas que, igual ao Catolicismo, celebram o mês de Maria em maio, havendo até um altar preparado para a Virgem, com cerimônias que a louvam com longas litanias...

Daí, a pergunta previsível se impõe: como foi possível harmonizar a mitologia africana com Maria e outros santos católicos, a ponto de gerar semelhante "hibridismo" cultural? Que não se espere uma resposta tranquila para isso, porque, se a história consegue elucidar de modo aceitável

[313] Cf. R. Bastide, *Estudos afro-brasileiros*, p. 175.
[314] E. Carneiro, *Religiões negras, negros bantos*, p. 192-193.

a origem e o desenvolvimento do fenômeno, a questão da "consciência religiosa" de quem atualmente o pratica longe está do consenso. O fato se torna ainda mais questionador quando se constata que, após a liberação dos cultos sincréticos por Getúlio Vargas, em 8 de abril de 1939, por meio do Decreto-Lei 1.202, os ingredientes da mescla permaneceram e as iniciativas divisionistas em maior ou menor grau falharam.

Tentando esclarecer essa problemática, no decorrer dos anos de 1900, com enfoques diversos, muitos pesquisadores a analisaram, a saber:

– Ainda no começo do século XX, o médico maranhense Raimundo Nina Rodrigues (1862-1906) desenvolveu a conhecida teoria da "ilusão da catequese", segundo a qual os negros eram batizados de maneira vaga numa religião da qual quase nada compreendiam. Daí, nessa pseudo-conversão, um santo ou Maria se tornava apenas um nome cristão para encobrir a verdadeira identidade de um *orixá* africano, que, para além das aparências, continuaria recebendo o mesmo e tradicional culto "fetichista".[315]

– Nos anos trinta, o alagoano de Pilar, Arthur Ramos de Araújo Pereira (1903-1949), mesmo se considerando sucessor de Nina Rodrigues, tratou o assunto com mais rigor científico. Ele abordou a problemática do sincretismo numa ótica "psicanalítica", opinando que o fenômeno se localizaria no plano da "projeção". Isto é, a escravidão teria desenvolvido no negro um "complexo de inferioridade", o qual, projetando a própria sensibilidade religiosa relativa a um *orixá* "primitivo" em um santo católico, elevava assim sua crença a um patamar "mais alto". Nessa argumentação, Maria despertaria, então, nos negros os mesmos complexos ancestrais. Os discípulos de Artur Ramos, Édson Carneiro a frente, trariam dados outros a respeito da temática.

– Em meados dos anos quarenta, Roger Bastide (1898-1974), francês de Nantes, chegado ao Brasil em 1938, também se ocuparia

[315] O pensamento de Nina Rodrigues foi marcado por afirmações polêmicas. Dentre outras coisas, ele interpretou a derrota de Palmares como uma vitória da civilização contra o atraso, dizendo mesmo que se os palmarinos não tivessem sido aniquilados, teriam transformado o Brasil num "novo Haiti, refratário ao progresso e inacessível à civilização" (R. Nina Rodrigues, *Os africanos no Brasil*, 7ª ed., Editora Universidade de Brasília, Brasília 1988, p. 78).

do assunto. Ele fora educado no protestantismo, numa época em que relações deste com o Catolicismo eram tensas, e mais tarde ingressaria no Partido Socialista de seu país, no qual militavam anticlericais vários, o que, possivelmente influenciou certos pareceres que emitiu sobre a religiosidade brasileira. Uma evidência disso foi a apropriação que Batisde fez – sem citar a fonte – do termo "romanização", utilizado pelo alemão Joahann Joseph Ignaz von Döllinger (1799-1890), em 1871, e repetido por Rui Barbosa (1849-1923) seis anos mais depois. Bastide, deixando de lado o fato que Rui Barbosa se convertera à fé católica e renegara tais ideias, em 1951 lançou a obra *Religion and the church in Brazil*, "enquadrando" o esforço de reestruturação interna do Catolicismo no período republicano no citado conceito. De qualquer modo, em 1944 ele foi à Bahia e, feita a pesquisa de campo, concluiu que era necessário dissociar no candomblé a religião da cor, por haver constatado que também lá eram vários os não negros.[316]

No particular aqui abordado, as longas entrevistas feitas por Bastide com os candomblecistas evidenciaram notáveis diferenças internas em relação à concepção religiosa que eles tinham no tocante à relação dos orixás com os santos católicos:

a) Um iniciado aceita a "descida" dos *orixás* nas filhas de santo com serenidade. Os nomes sejam católicos ou nagôs não têm importância, pois tanto Maria quanto Iemanjá são simplesmente "forças espirituais";

b) Uma "mãe pequena" (*iyakekerê*), que, como se viu, substitui a *iyalorixá* quando necessário, explica com despreocupação que Maria e o *orixá* são a mesma coisa, tendo de diferente entre si apenas os nomes, que variam segundo os credos. Questionada, ela pode responder: "No céu só Deus e Jesus. Mas, logo abaixo, há um segundo céu, o céu dos *orixás*";

c) Uma *Ekédy* sem se intimidar, diz: "já não somos africanos, somos brasileiros e, portanto, temos a obrigação de venerar também os santos brasileiros";

316 R. Bastide, *O candomblé da Bahia*, p. 7-13.

d) Um *Babalorixá* que lera Nina Rodrigues e Édson Carneiro, dissente: "Foi por política que o africano ligou seus *orixás* aos santos (Maria)".[317]

Ainda se destacariam na pesquisa nomes como Luís Viana Filho, Luís da Câmara Cascudo, Pierre Verger, e, mais recentemente, Juana Elbein dos Santos, ao lado de muitos outros. Isso consente dizer que a cientificidade com que hoje se trata o argumento da piedade sincretista se tornou deveras notável. Paradoxalmente, esse excesso de especialização pode se chocar com uma mentalidade religiosa nem sempre científica ou pouco disposta a se encaixar em categorias racionalistas. Como já se observou, "em vez do intelectualismo e do pensamento abstrato do mundo ocidental, o africano acentua o aspecto dinâmico e intuitivo das coisas. Ligado ao mundo das suas experiências concretas, ele vive numa interioridade onde tais conceitos e formulações não podem se expressar".[318]

a. Maria – Oxum

Oxum é *orixá* do rio Oxum da África, e de outros rios e das fontes; ou seja, é uma égide das águas doces. No Brasil, na falta do rio Oxum, ela se transformou numa espécie de náiade de fontes e regatos. Alguns a definem como filha de Iemanjá, enquanto que outros, de tradição popularizada afro-baiana, descrevem-na como esposa de seu irmão Xangô, assim como as suas irmãs Oia (Iansã) e Obá. Também confundem-na com a própria Iemanjá. A sua festa é celebrada aos sábados e seus símbolos originais eram pedras do fundo do rio Oxum, joias de cobre e um pente de tartaruga. O amor pelo cobre, metal mais precioso no país yoruba, assim como seu grande poder, fizeram dela a divindade da riqueza e, no Brasil, do ouro. Oxum é vaidosa, segura de si, maternal e feminina, qualidades que devem cultivar as que a cultuam, para se conformarem ao seu protótipo.

---

[317] R. Bastide, *Estudos Afro-brasileiros*, p. 177-179.

[318] F. C. Rehbein, *Candomblé e salvação*, p. 23.

Uma lenda africana sustenta que "quando os *orixás* chegaram a terra, organizaram reuniões em que as mulheres não eram admitidas. Oxum ficou aborrecida por não poder participar de todas as deliberações e, para se vingar, tornou as mulheres estéreis e impediu que as atividades desenvolvidas pelos deuses chegassem a resultados favoráveis. Desesperados, os *orixás* dirigiram-se a Olorum, que lhes perguntou se Oxum participava das reuniões. Ante a negativa, Olorum explicou-lhes então que, sem a presença de Oxum e do seu poder sobre a fecundidade, nenhum dos seus empreendimentos poderia dar certo. De volta a terra, os *orixás* convidaram-na, então, para participar de seus trabalhos, o que ela acabou por aceitar, depois de muito lhe rogarem. Em seguida, as mulheres tornaram-se fecundas e todos os projetos obtiveram felizes resultados".[319]

A insígnia que Oxum usa é um leque de latão (*abedê*), tendo no meio uma estrela branca ou sereia. Sempre na Bahia, faz-se distinção entre "Oxum-apará" (quando brinca com a espada) e "Oxum-abalô" (quando brinca com o leque).[320] Ela é muito cultuada nas cachoeiras, e no candomblé representa a feminilidade e a maternidade, controlando a fecundidade das mulheres. Como rainha dos rios, tem poder sobre a água doce, fonte de toda a vida na terra. Reúne assim o controle sobre a fertilidade humana e da natureza, o que lhe confere grande poder. É também patrona da gravidez e das crianças que não falam. No seu dia santo recebe como sacrifício cabra, galinha, pata e coquem. Muitos dos seus veneradores a chamam carinhosamente de "mamãe Oxum".[321]

Oxum acabou sendo identificada com muitas invocações de Nossa marianas: Nossa Senhora do Rosário, Nossa Senhora das Candeias (Candelária), Nossa Senhora de Lourdes, Nossa Senhora da Conceição, Nossa Senhora dos Prazeres e Nossa Senhora do Carmo. Também já foi

[319] P. Verger, *Orixás, deuses yorubas na África e no Novo Mundo*, p. 175.
[320] L. C. Cascudo, *Dicionário do folclore brasileiro*, vol. II, p. 545-546.
[321] O. G. Cacciatore, *Dicionário afro-brasileiro*, p. 203.

associada à padroeira do Brasil, Nossa Senhora Aparecida. O curioso é que, em Cuba, aconteceu fenômeno semelhante, e o autor Rubem Ortiz na sua obra *Los negros brujos*, atesta que "*Oshun, diosa del rio de su nombre, una de las mujeres de Shangó, también merece culto en Cuba, llamada por los negros brujos la Virgen de la caridad del cobre*".[322] No Recife, as "filhas de Oxum" vão à missa na igreja Nossa Senhora do Carmo.[323]

b. Maria - Iemanjá

Iemanjá é *orixá* do rio Ogum na Nigéria, e originalmente era louvada entre Ifé e Ibadan pelos "egbá", pertencentes à nação yoruba, até que seu culto se expandiu. O motivo é simples: a terra dos yorubas é árida, e eles são propensos a venerar divindades das águas, as "mães d'água", como ficarão conhecidas no Brasil. A cor preferida de Iemanjá é o azul claro, e ela usa como adorno colar de contas de vidro transparente, recebendo como sacrifícios cabra, galinha, coquem e pato. Seus fetiches são conchas de pedras marinhas, numa vasilha de porcelana azul, e se reveste das seguintes insígnias: uma espada de folha-de-flandres e uma espécie de leque circular ("abebé"), por vezes pintado de branco, com adornos, e no centro, uma sereia ou uma estrela recortada. Ela anuncia sua presença com um grito: *Him hiymim*! E a sua saudação própria é "*odôia*!" No que diz respeito ao nome, "Iemanjá", para Pierre Verger significa "mãe cujos filhos são peixes", sendo uma derivação dos vocábulos yorubanos "yèyé omo ejá". Para Juana Elbein dos Santos, trata-se de uma evolução dos termos "ye + omo + eja", que equivaleriam a "mãe dos peixes filhos". Leuw acrescentaria que esse nome, atribuído à citada *orixá*, com certeza é tão geral e coletivo quanto ela mesma; vale dizer: não é ainda um nome próprio, mas um adjetivo.[324]

[322] C. Caliman et alii, *Teologia e devoção mariana no Brasil*, p. 34 - 35; L. C. Cascudo, *Dicionário do folclore brasileiro*, vol. II, p. 545.

[323] F. C. Rehbein, *Candomblé e salvação*, p. 88.

[324] P. K. Iwashita, *Maria no contexto da religiosidade popular brasileira*, p. 37.

No Brasil, geralmente a estética na estilização de Iemanjá toma como base a conhecida pintura de Martinelli, onde uma mulher esbelta, branca e belíssima, de feições etéreas, trajando longo vestido azulado de curvas insinuantes, encontra-se de mãos abertas despejando pequenas estrelas e rosas sobre o mar. Na África não é assim. A Iemanjá "africana" é uma mulher de seios exuberantes, símbolo da fertilidade. Muitos, no entanto, duvidam que essa opulência mamária seja suficiente para justificar o mito teogônico que afirma ser ela a "mãe de todos os *orixás*".

Uma das explicações mais antigas e conhecidas sobre a origem de Iemanjá continua sendo aquela contada pelo Pe. Noel Baudin (1844-1887), membro da Sociedade das Missões Africanas, que viveu na África de 1868 a 1883. De passagem pela França em 1884, ele publicou um livro intitulado *Fétichisme et féticheurs* contendo uma versão que, não obstante seja discutível, é difundida até hoje. Parcialmente reproduzida por Nina Rodrigues, ela deixa de lado *orixás* como *Exu* e *Ifá*, desenvolvendo a tese que Iemanjá é filha de *Obatalá* ("Oxalá"), o Céu–deus, e de Oduduá, a terra, que também geraram outro filho, Aganju, a terra firme. Os dois irmãos mantiveram uma relação incestuosa por meio da qual nasceria "Orugã", o ar. Orugã depois se apaixonou pela própria mãe e um dia, estando ausente o pai, ele a raptou e violentou, propondo, em seguida, que continuassem às ocultas com o "caso". Iemanjá, envergonhada, fugiu, perseguida pelo filho. Quando estava para ser alcançada, ela caiu de costas e morreu. Dos seus seios enormes nasceram então dois rios, que se reuniram adiante, formando um lago, e do ventre, que se rompeu, nasceram Dadá, *orixá* dos vegetais; Xangô, *orixá* do trovão; Ogum, *orixá* do ferro e da guerra; Olocum, *orixá* do mar; Olaxá, *orixá* dos lagos; Oyá, *orixá* do rio Níger; Oxum, *orixá* do rio Oxum; obá, *orixá* do rio Obá; Ocô, *orixá* da agricultura; Oxóssi, *orixá* da caça; Okê, *orixá* das montanhas; Ajê-Xalugá, *orixá* da saúde; Xampanã, *orixá* da varíola; Orum, o sol, e Oxu, a lua.[325]

[325] R. Nina Rodrigues, *Os africanos no Brasil*, vol. IX, Companhia Editora Nacional, São Paulo 1932, p. 37.

Essa narrativa, que ajunta todos os mitos num único conto, já suscitava discussão mesmo nos tempos de Nina Rodrigues. Nas décadas seguintes, outros estudiosos ressaltariam que os negros da Bahia não só a ignoravam, como cultos de matriz "afro" pareciam inverter completamente a hierarquia ali descrita.[326] Mesmo assim, quer seja por meio de consulta bibliográfica ou por outra hipótese menos provável, é possível encontrar "mães de santo" a par do referido relato.[327]

Está fora de dúvida, contudo, que, no Brasil, sob o impacto escravista, Iemanjá, bem como todos os demais *orixás*, sofreu notável metamorfose, na medida em que o ambiente impôs redefinições. Por isso, enquanto que na África ela era um *orixá* das águas doces, no novo ambiente foi transformada em "rainha do mar", porque seus adoradores escravizados foram transformados em pescadores do litoral. Além disso, bem cedo passou a ser confundida com a *Iara* indígena e com a sereia (*lorelei*) europeia, passando a ser representada com a forma plástica desta última. Numa evolução crescente, a "mãe d'água" se tornaria Dona Janaina, Dona Maria e outras tantas figuras, perfazendo um total de vinte e sete denominações. Mas a grande mudança seria operada quando a identificaram com a Virgem Maria, gerando sua mais espetacular transformação.[328]

A tese de Pedro Kuniharu Iwashita publicada em Fribourg, na Suíça, dá uma interessante explicação para o fenômeno. Segundo ele constatou, a influência cristã no sincretismo impôs restrições de pudor e sintomaticamente, por causa de sua poderosa influência, passou-se a evitar temas como o incesto de Iemanjá. No decorrer da obra, Iwashita se utiliza do pensamento de conhecidos autores para repropor com maestria o tema: "como aceitar a ideia de que ela (Iemanjá) tenha esposado seu irmão e que tenha sido violada pelo próprio filho? O mito

[326] E. Carneiro, *Religiões negras, negros bantos*, p. 34-35.

[327] V. C. Costa, *Umbanda, os seres superiores e os orixás/ santos*, vol. I, p. 186-187.

[328] P. K. Iwashita, *Maria no contexto da religiosidade popular brasileira*, p. 47, 52.

do nascimento dos principais orixás saindo do ventre de Iemanjá que se abre, choca a mentalidade mais puritana do negro brasileiro de hoje". Nesse particular, ele reproduz opiniões desafiadoras. Um exemplo: um informante ao ser interrogado sobre essa aventura pouco favorável à reputação da "rainha do mar", declarou que seria impossível, visto que ela era virgem. Inquirido sobre "como" então ela poderia ser mãe de tantos *orixás*, ele apressou-se em invocar sua identidade com a Virgem Mãe dos católicos. De posse de semelhantes dados, o autor não hesita em afirmar que, apesar da referida *orixá* ser a mesma que se encontrou na África, os fatos expostos anteriormente, em particular a identificação com a Virgem Maria, já permitem falar de uma "Iemanjá brasileira".[329]

Pontos de vista assim ganham força ao se comprovar que o culto de Iemanjá segue à risca o calendário mariano em múltiplas manifestações, como se pode ver:

a) Rio de Janeiro: festa de 15 de agosto (Nossa Senhora da Glória/ Assunta) e 8 de dezembro (Imaculada Conceição); a umbanda carioca celebra sobretudo a maternidade.
b) Porto Alegre: sincretismo com Nossa Senhora dos Navegantes. É a festa mais popular da cidade. Num grande barco, à frente, vai a imagem da Virgem; atrás, um outro barco segue com o "cavalo" de Iemanjá. A multidão acompanha a procissão em pequenas e grandes embarcações até a capela da Virgem.
c) Bahia: lugar do culto afro-brasileiro por excelência, as festas acontecem aos 8 de dezembro (Imaculada Conceição da praia - Iemanjá jovem) e 2 de fevereiro (Nossa Senhora das Candeias - Iemanjá velha).

Em outras partes do Brasil, o culto perde importância e os festejos são bem menores.[330]

---

329 P. K. Iwashita, *Maria no contexto da religiosidade popular brasileira*, p. 49.
330 P. K. Iwashita, *Maria no contexto da religiosidade popular brasileira*, p. 26-29.

Igualmente digno de nota é o fato do culto de Iemanjá não ser realizado apenas em ambientes fechados, como sucede com os demais *orixás*, mas também ao ar livre, no mar e em praias escolhidas para esse fim. Também aqui se faz sentir a marca do Catolicismo: o dia reservado para isso é o sábado, justamente porque este é dedicado à Virgem Maria. A mescla vai mais longe, manifestando-se em "pontos cantados", orações e outros louvores, sendo tamanha a fusão que em certos casos torna-se difícil estabelecer uma distinção, conforme é possível verificar abaixo:

> A estrela brilhou
> Lá no fundo do mar
> quem vem nos salvar
> é nossa mãe Iemanjá.
>
> Sejas benvinda
> Nossa mãe de muito amor,
> Venha nos salvar
> pela cruz do Senhor.

Claro está que o sincretismo Maria-Iemanjá continua a dividir opiniões. Um dos questionamentos diz respeito ao nível de influência teológica que a figura de Maria teria provocado em tão complexo processo. Valdeli de Carvalho Costa, analisando a questão no seio da umbanda, conclui que, em âmbito de doutrina dos chefes de terreiro, Iemanjá não assimilou nada da Virgem Maria e que a homologação de Iemanjá é puramente nominal, sem nenhuma interpenetração conceitual. Pedro Iwashita contra-argumenta recordando a possibilidade da correspondência se situar não no nível conceitual e sim no simbólico, arquetípico.[331] O certo é que a questão ainda carece de maiores aprofundamentos.

[331] Cf. P. K. Iwashita, *Maria no contexto da religiosidade popular brasileira*, p. 26-29; 47, 49, 52, 84 - 85, 89; V. C. Costa, *Umbanda, os seres superiores e os orixás/ santos*, vol. I, p. 194.

4. As perspectivas marianas no sincretismo afro-brasileiro

É difícil avaliar como a figura de Maria continuará a ser vista nos cultos afro-brasileiros nas próximas gerações, pois grande formadora de consciências no terceiro milênio, a mídia, tem passado a contar com canais confessionais, católicos e protestantes, coisa que poderá ter consequências imprevisíveis. Paralelo a isso, a exemplo do que sucedeu com a umbanda, também no candomblé continua a penetração de pessoas brancas e mesmo asiáticas, de classe média, que tampouco deixarão de trazer consigo novas influências.[332] Aliás, essa mesma presença abre uma discussão mais ampla do que à primeira vista se pensa, considerando-se que toca aspectos cruciais, já considerados anteriormente por Pierre Verger. Uma das grandes inquietações diz respeito ao culto dos *orixás*. Sabe-se que certos fiéis do candomblé dizem manifestar em si entidades ancestrais. Entretanto, que fazer com os seguidores sem ascendência africana, que afirmam também participar dessa realidade? A afinidade terá de mudar de perspectiva, aceitando um outro modelo, talvez de temperamento?[333]

Tratando-se especificamente da questão da Virgem Maria, pode-se perceber que, paulatinamente, vão se aglutinando duas tendências: a mais tradicional, que convive bem com sua presença, "somando-a" com outros santos ao seu "panteão", e uma segunda, muitas vezes formada por segmentos intelectualizados que, como se viu, busca a "reafricanização" (não apenas religiosa), rejeitando o sincretismo. Quanto a isso, muitos salientam que não se pode simplesmente "voltar à África" para buscar raízes, ignorando as influências da colonização por lá. Depois, questiona-se ainda se essa busca de autenticidade e suposta "pureza", não acabaria privilegiando apenas uma das tradições africanas, tida como genuína – o Candomblé e a tradição jéje-nagô –, menosprezando outras manifestações, como a Umbanda e o Candomblé de caboclo.[334]

[332] R. LODY, *Candomblé, religião e resistência cultural*, p. 35.
[333] Cf. P. VERGER, *Deuses yorubas na África e no Novo Mundo*, p. 33.
[334] Cf. V. J. BERKENBROCK, *A experiência dos orixás*, p. 119-123.

Como sempre, é Salvador-BA, pela numerosa população negra que tem, um dos centros da controvérsia. A objeção que, por vezes, se faz é que, a partir de sua realidade, estaria ocorrendo certa movimentação para "alinhar" cultos que são, por doutrina e tradição, diversos. Outro fato que também suscita perguntas várias, é a difusão dos cultos de matriz "afro" para além das fronteiras brasileiras, sobretudo na Argentina e no Uruguai, coisa que ainda carece de análise criteriosa. Esse crescimento no exterior ocorre paralelo ao embate interno com uma novidade que não tem poupado nem umbandistas nem candomblecistas: os pentecostais. As novas denominações em que eles se congregam têm visto com restrições os cultos de matriz "afro", e o seu proselitismo, pelas proporções que assume, não pode mais ser ignorado.

Entrementes, alguns líderes religiosos sincretistas têm conseguido fama, e, como já foi observado pelo antropólogo Raul Lody, certos terreiros famosos funcionam como verdadeiras empresas, aproveitando sua notoriedade para promover festas e receber presentes, dinheiro e, principalmente, reconhecimento público. Em contrapartida, os terreiros tradicionais, que não se deixaram atrair pelo prestígio, demonstram crescente desagregação, causada principalmente pela questão financeira.[335]

Tudo isso convida a crer que há realmente a possibilidade de diminuição da importância da figura de Maria de Nazaré nos terreiros, ou pelo menos em alguns deles. Isso não implica necessariamente no seu desaparecimento, mas sim que sua influência, bem como do Catolicismo em geral, talvez venha a perder espaço no interior desses cultos, quiçá cada vez menos sincréticos, ou menos "sincretizados" com a Igreja. Isso, obviamente, sem excluir o fenômeno do secularismo, também presente no Brasil. Este, no entanto, é apenas um aspecto do atual dilema dos cultos afro-brasileiros, não raro "folclorizados" e "carnavalizados" por certas redes de comunicação, as mesmas que tantas vezes se limitam apenas a exaltar o "exótico" ou tudo relegam às categorias "culturais".

[335] R. Lody, *Candomblé, religião e resistência cultural*, p. 35, 78.

IV

A IGREJA E A RELIGIOSIDADE MARIANA DOS NEGROS E DOS PARDOS EM SUA HISTÓRIA RECENTE: DESAFIOS E PERSPECTIVAS

É fato: nos dias atuais, em meio ao pulular de crenças e de novos movimentos religiosos Brasil afora, nenhuma denominação está restrita a determinada etnia, o que *a priori* desaconselha generalizações a respeito das práticas cultuais dos afrodescendentes.

Demonstrável, em vez disso, é que, ao longo da história republicana brasileira, não foram poucos os pareceres controvertidos sobre a realidade dos negros nativos. Raimundo Nina Rodrigues, por exemplo, afirmou que

> a supremacia imediata ou mediata da raça negra é prejudicial aos progressos e à cultura do povo brasileiro". O mesmo Nina ainda diria que "a raça negra, por maiores que tenham sido seus incontáveis serviços à nossa civilização, e por mais justificadas que sejam as simpatias que a cercou o revoltante abuso da escravidão, há de constituir sempre um dos fatores da nossa inferioridade como povo".[336]

Atitudes análogas se verificaram no aspecto estritamente religioso. Sem meios termos, Antônio Batista Pereira (1880-1960) argumentou que "o atraso 'natural' da raça levava os negros à superstição, à feitiçaria, ao candomblé e à macumba",[337] e Francisco Sparta assegurou que os cultos de raiz "afro" eram a "religião das classes atrasadas".[338]

---

[336] R. Nina Rodrigues, *Os africanos no Brasil*, vol. IX, p. 17, 18.
[337] B. Pereira, *A formação espiritual do Brasil*, p. 79.
[338] F. Sparta, *A dança dos orixás*, p. 170.

Mesmo alguns documentos episcopais assumiram posturas que até hoje causam certa impressão. Ainda em 1707, quando da elaboração das *Constituições Primeiras do Arcebispado da Bahia*, a "rudeza" do negro para aprender o catecismo foi muito ressaltada;[339] e, embora opiniões do gênero há tempos tenham sido decididamente abolidas, é desconfortável verificar como certas vezes algumas publicações eclesiásticas dão mais espaço ao sincretismo que ao modo católico de ser dos fiéis afro-brasileiros, quase como se esses fossem um elemento estranho no tecido eclesial.

1. A apologética pré-conciliar: a "reta doutrina" como preocupação primeira

A proclamação da República, acontecida aos 15-11-1889, com a consequente laicização do Estado no início do ano seguinte, consentiu enfim à Igreja no Brasil de se reestruturar como desejava. Por isso, a *belle époque* encontrou um Catolicismo disciplinado e em fiel observância das normas emanadas pela Santa Sé. Nesse "clima", a linguagem contida no volumoso documento pastoral coletivo dos bispos de 1911 é um retrato fiel do pensamento dominante. Elaborado invocando "a proteção da Rainha do clero, Maria Santíssima", ele alertará para os "perigos contra a fé" e lamentará "o estado de ignorância em que se acha o povo em relação às coisas da religião". Daí a diligência que teve em propor como solução um conjunto de regras para o bom combate aos "principais erros modernos" e reta adesão dos católicos à fé.[340]

[339] Assim se expressa o número 55 do referido documento: "... porque a experiência nos tem mostrado que entre os muitos escravos que vivem neste arcebispado (Salvador da Bahia), são muitos deles tão boçais e rudes que, pondo seus senhores a diligência possível em os ensinar, cada vez parece que sabem menos, compadecendo-nos de sua rusticidade e miséria, damos licença aos vigários e curas para que, constando-lhes a diligência dos senhores em ensinar, a rudeza dos escravos em aprender, de maneira que se entenda que, ainda que lhes ensinem mais não poderão aprender, lhes possam administrar os sacramentos" (cf. S. M. Vide, *Constituições Primeiras do Arcebispado da Bahia*, p. 22).

[340] J. A. A. Cavalcanti et alii, *Pastoral coletiva dos Srs. Arcebispos e Bispos das províncias eclesiásticas de São Sebastião do Rio de Janeiro, Mariana, São Paulo, Cuiabá e Porto Alegre*, p. 10-11, 39-40, 365-380.

Em 1915, ao ser aprovado outro documento pastoral coletivo, a nova postura da Igreja era uma realidade consolidada. Por isso, a questão da "conservação da fé", entendida como sendo o "principal cuidado do pastor", foi colocada como preocupação primeira, dando-se conjuntamente um forte caráter devocional para a veneração a Maria. De outra feita, as antigas confrarias e irmandades foram relegadas ao segundo plano, ao tempo em que iam ganhando sempre maior evidência novas formas de associações leigas, geralmente fundadas e orientadas pelas congregações europeias que se estabeleciam Brasil afora. Assim sendo, tradicionais manifestações marianas negras, como as irmandades do Rosário, foram reduzidas a "pias confrarias", a ser erigidas somente "canonicamente pelo geral dos dominicanos". Era o procedimento comum, segundo quanto estabelecia o documento, o que se estendia também às novas organizações, como as "filhas de Maria Imaculada", que só poderiam ser estabelecidas "com autorização episcopal" e daí por diante.[341]

Sempre nesta perspectiva, Pio XI (1857-1939) reconheceria de vez a "Ação Católica", que logo buscou arregimentar as congregações marianas em vista de uma ação conjunta em prol do exercício das virtudes cristãs. A prática sacramental recebeu notável ênfase, ao tempo em que se punha grande empenho em lutar para que os católicos tivessem o espaço que se lhes julgava merecido na vida pública. Tudo isso, naturalmente, sob a disciplina conduzida pelos bispos. Muito a propósito tomou corpo a "teologia da realeza de Cristo", apregoando o seu domínio sobre todas as nações, ao lado da qual também se desenvolverá o tema da "realeza de Maria", que encontrou sua legitimação na encíclica *Ad caeli Reginam*, publicada aos 11-10-1954, por ocasião do centenário da definição da Imaculada Conceição.[342]

---

[341] J. A. A. Cavalcanti et alii, *Pastoral coletiva dos Srs. Arcebispos e Bispos das províncias eclesiásticas do Rio de Janeiro, Mariana, São Paulo, Cuiabá e Porto Alegre*, p. 15-23, 168-175.

[342] F. A. M. García, *Venerantes Virginem Mariam: Análisis teológico de los títulos Inmaculada, Asunta y Madre de la Iglesia en la eucología de los misales romanos de 1962 y 2002*, Ediciones Universidad San Dámaso, Madrid 2016, p. 140.

O conjunto do novo posicionamento da Igreja teve sentidas repercussões na piedade mariana brasileira, uma vez que a linguagem universalista utilizada e a decidida defesa da "sã doutrina", praticamente ignoraram as particularidades da fé das populações negra e mestiça, levando a abundante produção mariana pré-conciliar a passar ao largo da sua problemática. Explica-se: nesse período ainda não se desenvolvera um discurso de corte cultural ao interno da instituição eclesiástica, e isso de per si eliminava maiores preocupações com o modo dos não brancos viverem suas crenças ou cultuar a Mãe de Deus. Fruto dessa mentalidade, a primeira conferência do episcopado latino-americano, realizada no Rio de Janeiro de 25 de julho a 4 de agosto de 1955, preferiu colocar a escassez do clero como tema central; e, ainda que tenha lançado as bases para o estabelecimento do CELAM, apenas acenava para a questão dos afrodescendentes. Isso aconteceu no capítulo IX, intitulado "Missões, índios e gente de cor". Mesmo lá, porém, percebe-se que predominou o enfoque hispânico, dado que a problemática indígena ocupava bem mais espaço que a dos negros. De qualquer modo, dito capítulo se encerrava exortando todos os católicos e, de maneira muito especial, os professores de colégios e institutos, para que seguissem se esforçando para eliminar todo uso e costume que pudesse parecer "como discriminação racial".[343]

Na época, porém, a piedade mariana dos negros na sua vertente sincretista mereceu certo destaque. Negativamente, é claro. Pode-se percebê-lo nas cartas pastorais de então, como a do bispo de Campos, RJ, Dom Antônio de Castro Mayer (1904-1991), que ao discorrer sobre a devoção a Nossa Senhora e aos santos, condenava "a ignorância e certas superstições gentílicas", que se via por vezes no Brasil.[344]

Campos, durante muito tempo, foi um caso extremo, mas aqui refletia o pensamento dominante. Ilustrativo foi a obra *A Umbanda no Brasil*, do teólogo polemista frei Boaventura Kloppenburg O.F.M (1919-2009). O autor, ao tempo em que lamentava que centros

[343] CELAM, *Las cinco conferencias generales del episcopado latinoamericano*, San Pablo, Bogotá 2014, p. 46-47.

[344] A. C. Mayer, *Carta sobre problemas do apostolado moderno*, p. 72.

umbandistas ("politeísmo e idolatria com fachada católica") adotassem títulos marianos e pusessem nos seus interiores imagens da Virgem e de outros santos, sugeria medidas policiais para coibir a confusão. Ao final, fazia um conjunto de recomendações para os católicos que fala por si:

> Perante a doutrina umbandista franca e total condenação, perante a sua prática enérgica e declarada repulsa; perante os livros umbandistas desaprovação e censura sem restrição; perante o culto dos orixás santo horror e perante os despachos soberano desdém; perante os demais meios supersticiosos (maus espíritos, amuletos etc.) simples e frontal desprezo e, perante o espiritismo de umbanda, a atitude de absoluta e frontal oposição.[345]

Em todo caso, já antes do Concílio Vaticano II, a Igreja vinha procurando harmonizar a doutrina com as necessidades pastorais que se lhe apresentavam. Um marco nessa virada foi a instituição da Conferência Nacional dos Bispos do Brasil (CNBB) em 14-10-1952. Dita fundação aconteceu no Palácio São Joaquim, no Rio de Janeiro, em presença do Núncio Apostólico, Carlo Chiarlo (1881-1964), e com a participação de vinte arcebispos ou de seus representantes. Ali também se aprovou o regulamento da nascente entidade, que se viu dotada de uma comissão permanente. O primeiro presidente da CNBB foi o Arcebispo de São Paulo, Dom Carlos Carmelo de Vasconcelos Motta, que indicou como secretário-geral dessa o bispo auxiliar do Rio, Dom Hélder Pessoa Câmara.[346]

2. O impacto das inovações conciliares

Antes do Vaticano II ser aberto em 11-10-1962, a *Revista Eclesiástica Brasileira* (REB) passou a publicar as ações preliminares em curso. Favoreceu-a o fato de que seu relator, frei Boaventura Kloppenburg

---

[345] B. Kloppenburg, *A umbanda no Brasil*, p. 120-124.

[346] N. Souza (Org.), *Catolicismo em São Paulo*, Paulinas, São Paulo 2004, p. 472.

O.F.M, fora nomeado consultor da comissão litúrgica pré-conciliar e também perito do Concílio mesmo. Graças à estratégica posição que ocupava, associada à tenacidade que sempre caracterizou seu caráter, frei Boaventura realizou a proeza de publicar as crônicas dos trabalhos e das sessões, consentindo aos brasileiros o acesso, em tempo *record*, traduções dos textos que iam sendo aprovados. Por isso, o capítulo VIII da *Lumen Gentium*, com os novos enfoques teológicos marianos, chegou ao conhecimento do público nacional no mesmo ano da sua aprovação, junto de detalhada análise do frei Constantino Koser (1918-2000).[347]

O período imediatamente posterior ao Concílio assistiu a uma série de medidas em prol do diálogo inter-religioso, bem como ao abandono progressivo da precedente linguagem apologética. A questão da multiplicidade das culturas gradualmente também começou a merecer atenção; mas em que pese algumas louváveis iniciativas colocadas em ato, os resultados ficaram aquém das expectativas. Razões não faltaram, pois muitos clérigos e religiosos não usaram de suficiente tato para transmitir de forma acessível a mensagem renovadora, sobretudo em relação aos segmentos humildes, que eram justamente aqueles em que se concentrava a população negra e parda. O laicato esclarecido mostrou certo interesse pela novidade conciliar, assim como alguns segmentos da Ação Católica, mas o povo apenas a aturou. Não se tratou de uma atitude gratuita: as alterações foram levadas a cabo de forma precipitada e sem particular consideração pela arraigada religiosidade tradicional, o que provocava perplexidade e ressentimento. Em determinados lugares os mudancistas aboliram práticas muito apreciadas, o que incluiu supressão de procissões e retiradas de imagens da igreja, indiferentes a estupor que provocavam.[348] Somente mais tarde certas atitudes seriam reconsideradas.

[347] Cf. C. Koser, "Maria Santíssima na constituição *De Ecclesia*", em: *REB*, vol. 24, fasc. 01, p. 66-85.

[348] Estudo realizado pela Pontifícia Universidade Católica de Porto Alegre constatou situações bastante reveladoras: a mudança na linguagem litúrgica, nos cânticos e nas rezas, a diminuição sensível das imagens, o abandono de certas devoções, símbolos, rituais e práticas religiosas, empobreceu a liturgia e fez do Catolicismo "uma religião sem graça", na opinião de muitos consultados, ou "uma religião que não toca mais a gente", segundo outros tantos. Em outras palavras, a reação do povo foi exatamente oposta ao que se pretendia. "Um desencanto" (cf. Revista *Veritas*, 1989, p. 349).

3. A Igreja brasileira na nova conjuntura eclesial latino-americana

Ainda em relação ao Vaticano II, suscitou interesse na América Latina a constituição pastoral *Gaudium et Spes*. Promulgada pelo papa Paulo VI em 07-12-1965, principalmente no que dizia respeito à cultura, dito documento a apontava como sendo o modo particular pelo qual, num povo, as pessoas se relacionam com a natureza, com seus semelhantes e com Deus, podendo, deste modo, chegar a um nível verdadeiro e plenamente humano. É, aliás, o estilo de vida comum que caracteriza os diversos povos, por meio do qual se fala de pluralidade de culturas.[349]

Essa nova perspectiva trouxe grandes consequências para a problemática que aqui se aborda, se se tem presente que inclusive conhecidos teólogos reviram certas opiniões precedentes. A segunda conferência dos bispos, reunida em Medellín na Colômbia (24-08 a 06-09-1968), assumiria a concepção pastoral da *Gaudium et Spes*, apesar de ainda não utilizar a expressão "evangelização das culturas", pouco comum na época. Na prática, porém, apontava para a necessidade de uma profunda renovação da catequese, além de sugerir que a liturgia se comprometesse com a realidade humana. Maria quase não era citada no documento; o importante é que ele deixou os pressupostos para o desenvolvimento da reflexão sobre sua figura numa ótica renovada, que buscou a partir daí o resgate da piedade popular.

Ao longo dos anos, as conclusões de Medellín foram se aprofundando e se difundindo, aplicadas às necessidades reais de cada país. Em 1979, a terceira conferência episcopal do continente, celebrada em Puebla, México, de 27 de janeiro a 13 de fevereiro de 1979, dando continuidade a tal pensamento, sublinharia a proposta da "comunhão e participação". Daí, insistiu na necessidade de resgatar a fé do povo, vista como elemento para evangelizar, expressar e conservar a fé. A Virgem mereceu grande destaque nessa formulação, ao ser indicada como "modelo de

[349] Cf. GS n. 53/ 371-373.

evangelização e fonte de espiritualidade dos pequenos, mulher simples, mas não passiva, companheira de caminhada nas tristezas e alegrias, imagem do cristão libertado e caminho de libertação", recebendo inclusive o título de "estrela da evangelização" (DP n. 69, 154, 200, 312, 448, 454, 913).

O resultado histórico do pós-Medellín e Puebla se evidencia em conceitos como ecumenismo, diálogo inter-religioso e inculturação, incorporados que foram ao linguajar católico do continente. O quarto documento coletivo do episcopado latino-americano – Santo Domingo – aprovado em 1992, muito adequadamente se intitularia "Nova Evangelização, cultura cristã, Jesus Cristo ontem, hoje e sempre".

Evidente que todos esses documentos, não obstante as numerosas citações que fazem sobre os negros e Maria, não abordam diretamente a problemática da cultura e da piedade da população afro-brasileira, uma vez que preferem integrá-las no conjunto da realidade eclesial. O seu valor, porém, permanece atual, sobretudo porque fornecem os elementos de uma nova reflexão teológica e pastoral.

a. Aparecida – Guadalupe: em busca da harmonia entre o continental e o específico

Como se viu, graças às diretrizes das conferências episcopais do continente, a expressão "Igreja da América latina" se popularizou. Inerente a ela estava o esforço que se levava a cabo para valorizar objetivos comuns, o que também consentiu abordagens das distintas expressões marianas numa perspectiva ampla, conjuntural. Assumiu-se a convicção de que Maria é a Mãe comum da América latina e do Caribe, propiciando, desde o princípio, a nova síntese cultural dos povos que a compunham, sendo ela também um meio privilegiado pelo qual a devoção e a fé populares se expressam (DP n. 229). A propósito, foi Puebla quem declarou que "em nossos povos o evangelho tem sido anunciado apresentando a Virgem Maria como sua expressão concreta".[350]

É imperioso, contudo, ressaltar uma obviedade: a piedade mariana dos latino-americanos não se desenvolveu de maneira linear ou uniforme, devido às particularidades com que o processo colonizador foi conduzido pelas respectivas metrópoles. Além disso, os não brancos deram um toque ainda mais original, com suas virgens mestiças, tipo Copacabana, Aparecida e Guadalupe. É justamente aqui que os aspectos específicos se acentuam: em boa parte dos países hispânicos, os indígenas foram e continuam sendo um componente essencial da nacionalidade e da cultura, ao contrário do Brasil, onde atualmente perfazem apenas 0,4% da população. Não que o Brasil seja um país de brancos – longe disso! – mas entre os brasileiros a primazia não europeia fica por conta dos negros e seus descendentes pardos, que inclusive já se tornaram majoritários. A consequência lógica dessa diversidade salta aos olhos: a Virgem de Copacabana, por exemplo, possui um perfil peruano, que para a grande quantidade de indígenas que ali residem, identifica-se com a "Pachamama", a mãe terra, figura muito ligada a um povo que vivia da agricultura. No Brasil, os negros foram agregados aos brancos sem consciência grupal, donde resultou que os títulos marianos no país permaneceram europeus; e, em que pese certas assimilações, entre a população não branca nenhuma invocação a Maria possui um grau de identificação popular como as hispânicas.[351]

A ressalva vale, inclusive, para a padroeira nacional, Nossa Senhora Aparecida, que, apesar da significativa "releitura" negra e mestiça que sofreu, não deixou de ser, apesar de tudo, uma evolução da Imaculada Conceição de Portugal. Aliás, a própria denominação – "Aparecida" – é uma herança terminológica de invocações semelhantes da ex-metrópole.[352]

[350] C. Caliman et alii, *Teologia e devoção mariana no Brasil*, p. 22.
[351] Cf. C. Caliman et alii, *Teologia e devoção mariana no Brasil*, p. 77.
[352] J. Reis, *Invocações de Nossa Senhora em Portugal*, p. 55.

De qualquer modo, sob certa ótica, Guadalupe e Aparecida sintetizam os dois modos do sentir latino-americano. E como ambas se assemelham nos aspectos que encarnam dores e anseios do povo, têm inspirado cantigas populares, como as do músico cearense José Vicente Filho, vulgo "Zé" Vicente, em que predomina a "livre interpretação":

> Senhora de Guadalupe,
> Ó Virgem da Conceição,
> Negrinha do meu Brasil,
> Mãe santa da libertação.

Essas são manifestações de uma sensibilidade espontânea, coisa bem frequente no Brasil; mas o assunto ganha outra conotação quando é proposto como fato histórico. Um exemplo disso:

> Nossa Senhora Aparecida representa no Brasil a tradição latino-americana de Nossa Senhora de Guadalupe, largamente difundida no Brasil no período de união das coroas espanhola e portuguesa, entre 1580 e 1640. Após 1640, num movimento destinado a descastelhanizar Portugal e o Brasil, o nome de Guadalupe foi substituído pelo de Conceição, mas a imagem ficou, assim como o seu significado, de sorte que se pode dizer, que a estátua de Aparecida não é, senão, a cópia, em barro, do retrato milagroso de Nossa Senhora de Guadalupe. Ela é, no Brasil, a imagem da Virgem morena, representante da imensa maioria do povo...[353]

Semelhante tipo de abordagem é instigante, mas deixa em aberto questões não secundárias, a saber:

a) As influências culturais e religiosas no período da chamada "união das duas Coroas" (1580-1640) foram limitadas, e por razões compreensíveis: dita união, que culminou num detalhado acordo com Felipe II, foi arquitetada por meio de conchavos palacianos nada

[353] E. Hoornaert et alii, *História da Igreja no Brasil*, tomo II 1, p. 350.

populares. As dificuldades para mantê-la eram tão evidentes, que o soberano espanhol, com astúcia, permitiu que Portugal conservasse um estado de semi-independência, com direito a manter língua e jurisprudência próprias. Nem assim deu certo: os lusitanos possuíam uma identidade nacional forte, e quando Dom João IV de Bragança (1604-1656) optou pela ruptura, a massa em peso aderiu. Depois, malgrado certas influências acontecidas, Portugal de modo nenhum foi "castelhanizado". Muito pelo contrário! A cultura patriótica no período da união floresceu como nunca, e, para se ter uma ideia da sua importância, basta recordar que *Os Lusíadas* chegaram a ser editados 24 vezes, algo assombroso para os padrões da época.[354]

b) Foi certamente no período em questão que o culto à Virgem de Guadalupe se tornou conhecido no Brasil colônia; porém, a partir das informações contidas nos documentos disponíveis, constata-se que a citada devoção era espanhola e não mexicana (cf. p. 192-95). Para comprová-lo, bastam as descrições das imagens veneradas feita por autores insuspeitos, como Frei Agostinho de Santa Maria (1642-1728): "A estátua da Virgem [de Guadalupe] é de madeira e tem três palmos, e está cercada de serafins, com uma lua de prata aos pés. Tem essa Senhora uma coroa de ouro na cabeça e na mão direita um cetro também de ouro, e sobre o braço esquerdo porta o menino Deus com outra coroa na cabeça, mas de prata". Frei Agostinho até argumenta que a devoção de Guadalupe, no Brasil, era um daqueles casos excepcionais, pois "bem podia ser que alguns espanhóis, do tempo em que a Espanha possuía o nosso reino, passando pelo Brasil, mandassem fazer [uma imagem] que, depois de feita foi colocada na capela [da catedral de Salvador], erigindo a seguir a sua irmandade".[355] Para eliminar qualquer possibilidade de equívoco da parte do citado autor, é bom acrescentar que ele era um profundo conhecedor da aparição "mexicana", e inclusive a cita num

[354] J. H. Saraiva, *História concisa de Portugal*, p. 200-211, 221-223.

[355] A. Santa Maria, *Santuário mariano e história das imagens milagrosas de Nossa Senhora*, p. 28.

longo artigo do volume VI da sua obra. A descrição é tão exata que até narra a história de um português que vivia na "Nova Espanha" (México), e que retornando para Portugal mandou pintar num quadro uma cópia da Guadalupe das Américas, colocando-a depois numa das capelas da catedral diocesana de Elvas, sua cidade natal. Aí sim, a descrição coincide com a figura da padroeira da América latina, pois a Virgem está com as mãos "unidas" e "não tem menino".[356]

c) O nível da influência hispânica no Brasil, entre 1580 e 1640, é algo ainda para ser mais bem avaliado. Sabe-se, porém, que as relações internacionais e o comércio da colônia, na época, canalizavam-se quase que exclusivamente para Portugal. Houve decerto alguma relação com os hispanos do Sul; mas isso não se pode dizer em relação ao México de então. Levando-se a reflexão para o campo religioso, pode-se igualmente relativizar a influência religiosa recíproca. A bem da verdade, quando se fala de piedade mariana, via de regra o processo era o seguinte: a devoção chegava em Portugal (como no caso da Virgem do Pilar), "filtrava-se" na piedade lusitana, e de lá seguia para as terras brasileiras,[357] sendo pouco provável que a Guadalupe de que se fala, caso não houvesse chegado pela forma descrita pelo Fr. Agostinho, viesse a desembarcar de modo diverso.

d) Seria ingênuo minimizar o controle exercido pelas metrópoles em todos os aspectos da vida social e religiosa das colônias. Por esse mister, sabe-se que a própria Guadalupe "mexicana" sofreu os seus influxos, o que incluiu até o nome que tem. Ou seja, o apelativo original era *Coatlaxopeuh*, proveniente da língua náhuatl dos nativos *mexicas*, traduzido para o castelhano como "Yo he pisoteado la serpiente" (Eu pisoteei a serpente), o qual foi substituído pelos colonizadores com o termo Guadalupe.[358]

---

[356] Cf. A. Santa Maria, *Santuário mariano*, vol. VI, p. 482-483.

[357] Cf. J. Reis, *Invocações de Nossa Senhora em Portugal*, p. 451-452.

[358] C. A.Valejjo et alii, *La evangelización del Nuevo Mundo*, p. 330-331.

Por fim, fazendo-se uma análise "estética" de Aparecida, facilmente se constata que ela não possui características hispânicas, pois se trata de uma típica obra de inspiração portuguesa, concebida dentro dos cânones artísticos vigentes no século XVII.[359] A principal diferença, no entanto, diz respeito ao conteúdo religioso; pois se ambas – Guadalupe e Aparecida – foram e continuam sendo invocações proféticas, suas características particulares são por demais evidentes. Guadalupe é uma "revelação particular", e num país quase ameríndio, como o México, torna-se a mãezinha de um povo vencido e oprimido, uma indiazinha como eles.[360] Aparecida, por sua vez, é uma "devoção" e, apesar de haver sido reconhecida, desde 1930, como Padroeira do Brasil, a sua influência se restringe prevalentemente ao centro-sul do país.[361]

É necessário admitir igualmente que, ao contrário do que ocorre no México, Aparecida, como se viu, não representa o conjunto da brasilidade; o que é absolutamente compreensível, tendo presente a extrema diversidade de raças que amalgamaram o país. Daí a necessidade de rever a questão também sob outros aspectos, sobretudo pastorais, coisa que nem sempre acontece. Tome-se, por exemplo, uma das louváveis iniciativas da CNBB: em harmonia com as preocupações dos países vizinhos, a entidade tem apresentado uma razoável predisposição para organizar uma pastoral específica para as minorias indígenas (e de outros grupos raciais); entretanto, no tocante aos negros e pardos, inclusive pelo inquestionável peso que possuem no conjunto da brasilidade, o destaque merecido ainda não aconteceu. Fora das fronteiras nacionais o assunto é ainda mais premente, havendo mesmo quem diga que "na Igreja latino-americana o negro não ocupa lugar nenhum".[362]

---

359 J. Brustoloni, *Milagres de Nossa Senhora Aparecida*, p. 9-10.
360 Caliman C. et alii, *Teologia e devoção mariana no Brasil*, p. 77.
361 Caliman C. et alii, *Teologia e devoção mariana no Brasil*, p. 16.
362 E. Hoornaert, "Ouvi o clamor deste povo negro", em: *REB*, vol. 48, fasc. 189, 1988, p. 45-47.

Não se trata de uma denúncia vazia: além de reservar ao Brasil um papel secundário nas pesquisas até o momento feitas,[363] raramente um estudioso hispânico chega a abordar a problemática dos negros com a devida profundidade. A etnografia, no caso, por si mesma tem fundamentado certo etnocentrismo: como a população negra é pouco numerosa na "América espanhola" (exceto determinados lugares caribenhos e partes da Colômbia e do Peru), teólogos e historiadores que nela habitam, facilmente colocam o assunto em segundo plano, mesmo quando se trata de obras versando sobre a história da evangelização no continente. Pior: em algumas delas o vocábulo "negro" quase nunca é citado.[364]

b. A problemática do diálogo inter-religioso e os desafios da inculturação

Nessa busca de novos caminhos desenvolvida no pós-concílio, no Brasil, temas como o sincretismo e a questão dos "binômios" Maria-Oxum e Maria-Iemanjá continuaram motivando as mais diversas reflexões. O discurso, porém, mudou de tom, e mesmo teólogos "apologistas", como frei Boaventura Kloppenburg, admitiriam que "o Concílio nos deu diretrizes novas que antes não estavam na consciência dos missionários".[365]

Uma das novidades, que mais tarde o Concílio inspirou, foi o neologismo "inculturação".[366] No Brasil, o termo chegou em 1975, com

[363] Cf. *REB*, vol. 55, fasc. 219, 1995, p. 713.

[364] Um pequeno exemplo disso é a obra *V centenario de la llegada de la fe* (em português "*V centenário da chegada da fé*") de autoria de Mons. Miguel Cabrejos Vidarte OFM, Pedro Marande Court e Luis Fernando Figari Rodrigo, editado pela ediciones VE, em Lima, Peru, em 1991.

[365] B. Kloppenburg, "Ensaio de uma nova pastoral perante a umbanda", em: *REB*, vol. 42, fasc. 167, 1982, p. 507.

[366] O vocábulo "inculturação" é um neologismo que apareceu pela primeira vez no ano de 1974 na trigésima segunda congregação geral da Companhia de Jesus, sendo "canonizado" na assembleia geral do sínodo dos bispos realizada no mesmo ano. O novo termo veio a substituir outros termos como "acomodação", "adaptação", "aculturação" e "enculturação". A escolha dos jesuítas tomou como ponto de referência a palavra latina "inculturatio", que dita em português "inculturação", não pretende significar a inserção de um indivíduo em sua cultura, mas o processo pelo qual a Igreja se torna parte da cultura de um povo (cf. J. E. M. Terra, "A Evangelização no Brasil", em: *Communio*, n. 41, p. 30-33).

a *Evangelii Nuntiandi* de Paulo VI, sendo assumido por Puebla em 1979, que levaria a cabo a tentativa sistemática de aplicá-lo num contexto específico. Para tanto, o terceiro documento do episcopado latino-americano insistirá no respeito pelos valores nativos, adotando a inédita terminologia "evangelização das culturas", em que sublinhava a obrigação da Igreja de valorizar o aspecto integral da evangelização. Para atingir esse objetivo, exortava ao exercício do discernimento das situações e dos chamados concretos que o Senhor faz em cada tempo. Isso exige atitude de conversão e de abertura a um sério compromisso com aquilo que foi reconhecido como anteriormente evangélico (cf. DP n. 409, 428).

O eventual aporte da inculturação suscitou interesse, na medida em que se desenvolvia a consciência de que a fé encontra na religião seu lugar por excelência, malgrado a mensagem cristã possa privilegiar uma determinada cultura. Sabe-se ainda que a cultura tem a ver com fatores outros, tipo geográficos e étnicos, mas paradigmas antropológicos nem sempre são consensuais. Em se tratando do Brasil, as opiniões longe estão de ser unânimes quando se aborda o "caso" dos mestiços, apesar de que indivíduos ou grupos, imitando quanto acontece nos Estados Unidos, pretendam reclassificá-los como "negros". Quem o faz argumenta que o adjetivo "mulato", na colonização, derivou-se do substantivo "mula", e que hoje seria um artifício para "clarear" afrodescendentes. Essa postura é assumida justo quando o termo "fenótipo", introduzido em 1909 pelo dinamarquês Wilhelm Ludwig Johannsen (1857-1927), para qualificar o conjunto dos atributos visíveis de cada pessoa, tem sido usado em lugar de "raças". Elementar: estudos do genoma concluiram que não existem "as" e sim "a" raça humana, na qual os genes que determinam a aparência física correspondem a uma parcela muito exígua do ser do homem.

Paralelo a todas essas questões, ao interno da Igreja algumas iniciativas inovadoras no apostolado aconteceram, como segue:

a) Formação de grupos religiosos negros para compreender e interpretar o Catolicismo a partir de sua ótica. A iniciativa se inspirou em algumas organizações de leigos, como aquela surgida em Porto Alegre, RS, em 20 de julho de 1971, quando se formou o "Grupo Palmares", e que abriu o precedente para a criação em São Paulo, aos 07-07-1978, do "Movimento Negro Unificado", que depois se estendeu para outras partes do Brasil. Restam, porém, dois obstáculos a serem superados: o número dos filiados dessas organizações ainda é limitado e as propostas que defendem carecem de uma melhor participação de negros e mestiços. Em relação à Igreja, no ano de 1978, um dos grupos organizados foi convocado pela CNBB, no âmbito da preparação da conferência episcopal de Puebla, e a experiência pioneira possibilitou que, dois anos mais tarde, sob o impulso das diretrizes da mesma Puebla, fosse realizado o primeiro seminário de teologia negra. Os esforços se multiplicaram, ensejando entre 1983 e 1985 a organização da APN (Agentes de Pastoral Negros), cuja ação seria guiada por duas linhas mestras: a denúncia do racismo e a reivindicação de poder ser cristão sem renunciar à própria negritude.

b) Ações para o resgate da memória e da identidade: um marco desta opção foi a "Campanha da Fraternidade", lançada pela CNBB em 1988, cujo lema era "*Ouvi o clamor desse povo*", dando destaque para a história, religiosidade e também reivindicações dos negros no país. Nem todos os prelados diocesanos concordaram com o conteúdo do material produzido a respeito, e Dom Eugênio Sales, titular do Rio de Janeiro, com bispos mais, preferiu adotar um tema alternativo: "*Várias raças, um só povo*". Contemporaneamente, articularam-se outros grupos, como o IMA (Instituto Mariama), congregando seminaristas, padres e bispos negros, e o GRENI (Grupos de reflexão de Negros e Indígenas). A reflexão teológica tampouco deixou de examinar o assunto, estudando-o e editando o resultado das suas pesquisas em numerosas obras, sob os mais diversos prismas. Para complementar a reflexão com a ação, em 1998 a conferência episcopal instituiu um órgão específico: a Pastoral Afro-brasileira.

c) "Missa dos quilombos": celebrada pela primeira vez na Praça do Carmo do Recife, na noite de 22-11-1981. A escolha do local foi determinada pelo fato da cabeça de Zumbi dos Palmares ter sido exposta ali em 1695. A eucaristia foi presidida pelo bispo negro Dom José Maria Pires (1919-2017) e teve grande sucesso de público, mas mereceu ressalvas por ser uma produção intelectual, sem a participação das bases. A iniciativa atraiu a atenção da mídia e acabou virando disco, no qual foi possível escutar uma versão africanizada de Maria. Os autores do texto litúrgico foram o bispo espanhol Dom Pedro Casaldáliga e Pedro Tierra (pseudônimo de Hamilton Pereira da Silva), ex-militante da organização guerrilheira Aliança Libertadora Nacional (ALN). A parte musical ficou por conta do cantor negro Milton Nascimento. Foi lá que Dom Hélder Câmara proferiu sua *invocação Mariama*, afirmando:

> Mariama, Nossa Senhora, Mãe de Cristo e Mãe dos homens! Mariama, Mãe dos homens de todas as raças, de todas as cores, de todos os cantos da terra! Pedi a teu Filho que esta festa não termine aqui! A marcha final vai ser linda de viver. Mas é importante, Mariama, que a Igreja de seu Filho não fique em palavras, não fique em aplausos. O importante é que a CNBB, a conferência dos bispos, embarque de cheio na causa dos negros como entrou de cheio na Pastoral da Terra e na Pastoral dos Índios. Não basta pedir perdão para os erros de ontem; é preciso acertar o passo hoje sem ligar ao que disserem. Claro que dirão, Mariama, que é política, que é subversão, que é comunismo. É Evangelho de Cristo, Mariama, mãe querida. Problema de negro acaba se ligando com grandes problemas humanos, com todos os absurdos contra a humanidade, com todas as injustiças e opressões. [...] Mariama, Nossa Senhora, Mãe querida, nem precisa ir tão longe como no teu hino; nem precisa que os ricos saiam de mãos vazias e os pobres de mãos cheias; nem pobre nem rico! Nada de escravos de hoje serem donos de escravos amanhã! Basta de escravos! Um mundo sem senhores e sem escravos! Um mundo de irmãos não só de nome e de mentira! De irmãos de verdade, Mariama![367]

367 G. Santos Filho, *O Catolicismo brasileiro e a construção de identidades negras na contemporaneidade*, Editora da Universidade Federal da Bahia, Salvador 2012, p. 36-37.

A repercussão dessa novidade litúrgica levou a um desfecho não cogitado por Dom Hélder: aos 02-03-1982, a Congregação para os Sacramentos e o Culto Divino, por meio de carta enviada pelo Arcebispo Giuseppe Casoria (1908-2001) a Dom Ivo *Lorscheider* (1927-2007), então presidente da CNBB, vetou dita celebração, alegando que "*a Eucaristia é somente um memorial da morte e ressurreição do Senhor e não reivindicação de qualquer grupo humano e racial*".[368]

A Santa Sé realmente não estava disposta a comprometer a unidade do rito católico, e isso ficou claro no discurso proferido em 24-09-1995 pelo papa João Paulo II aos bispos do Regional Nordeste 3 (Sergipe e Bahia) reunidos em Roma para a visita *ad limina*:

> As ações litúrgicas enquanto "celebrações da Igreja, que é sacramento da unidade" (Cons. *Sacrosanctum Concilium*, 26), devem ser disciplinadas unicamente pela autoridade competente, e, uma vez que isso foi determinado, exigem da parte de todos grande e respeitosa fidelidade aos ritos e aos textos autênticos (cf. *ibid.*, 22). [...] Não me é desconhecido, todavia, que a vossa ação de pastoral litúrgica a serviço da Nova Evangelização deve tomar em consideração as exigências de uma sociedade como a vossa, que é multicultural. [...] Mas o cuidado espiritual para os católicos que são, como tive oportunidade de dizer: "Uma mescla racial e cultural" que "marcou e continuará a marcar o modo de ser e de exprimir-se do povo brasileiro" (Discurso 20-10-1991), exige particular solicitude pastoral. [...] Salta, porém, à vista, que se estaria distanciando da finalidade específica da evangelização acentuar um destes elementos formadores da cultura brasileira, isolá-lo deste processo interativo tão enriquecedor, de modo quase a se tornar necessária a criação de uma nova liturgia própria para as pessoas da raça negra. Mais ainda, quando se pretende dar a tal rito litúrgico uma apresentação externa e uma estruturação – tanto nas vestes, como na linguagem, no canto, nas cerimônias e objetos litúrgicos – que acabaram por assumir elementos provindos dos assim chamados culto afro-brasileiros, sem a rigorosa aplicação de um *discernimento sério e profundo acerca de sua compatibilidade com a Verdade revelada por Jesus Cristo* (o grifo é do autor).

368 Sagrada Congregação Para Os Sacramentos e o Culto Divino, *Sobre a "Missa dos Quilombos"* (2-3-1982), n. 1649/81, em: comunicado mensal da CNBB, março de 1982, p. 258.

> Assim, por exemplo, é preciso manter uma adequada e prudente vigilância em certos ritos que inspiram a aproximação do augusto Mistério Trinitário ao panteão dos espíritos e divindades dos cultos africanos, chegando mesmo, em certos casos, a modificar as fórmulas sacramentais em sua referência trinitária; mais ainda, deve-se assinalar, corrigindo oportunamente a introdução no rito sacramental católico – a Santa Missa, mas também em outros sacramentos – de ritos, cantos e objetos pertencentes explicitamente ao universo dos cultos afro-brasileiros. Faz-se necessária e urgente uma corajosa vigilância dos Bispos para a solerte e imediata correção de tais excessos, sempre que eles se manifestem.
>
> A Igreja Católica tributa um sincero respeito em relação aos cultos afro-brasileiros, mas considera nocivo o relativismo de uma prática comum de ambos ou de uma mistura entre eles, como se tivessem o mesmo valor, pondo em perigo a identidade da fé cristã católica.[369]

d) A revisão da linguagem mariana: tentativa de inculturar a figura de Maria na cultura afro-brasileira, sublinhando a cor negra da imagem numa ótica que se apresentava como libertadora. Fiel a este objetivo, algumas composições musicais lançaram refrãos como o seguinte: "Negra Mariama, Negra Mariama, chama". Conjuntamente buscou-se um vocabulário expressivo para a Mãe de Deus, tal como "Yayá carina", "Soberana quilombola" e "jovem Yaó". Essa iniciativa deixou de responder a duas questões: o primeiro é que um dos maiores centros da cultura afro-brasileira era e continua sendo a Bahia, e Aparecida tem maior devoção no centro-sul do país; além disso, com que critério se adota determinada matriz linguística, em meio às tantas que desembarcaram no Brasil? Na África existem mais de 800 idiomas nativos e isso se refletia entre os negros escravizados do país, que se expressavam por meio de centenas de dialetos.[370] Ademais, atualmente, são reduzidíssimos os

[369] João Paulo II, *Confirma teus irmãos*, Edições Loyola, São Paulo 1996, p. 110-113.

[370] Palavras de Pedro Calmon: "A diversidade das línguas e das raças entre os pretos importados salvou o Brasil da conquista africana. (...) Foi assim em Minas Gerais, em 1725, e na Bahia. Todos os levantes negros tiveram a mesma causa do malogro" (cf. P. Calmon, *História da civilização brasileira*, p. 29).

grupos que sabem cantar hinos yorubas, e o fazem mais por tradição, numa linguagem, muitas vezes, empobrecida da sua pujança original. O segundo problema não é menos desafiador: a maioria dos negros do Sudeste é de longínqua ascendência banta[371] e seriam induzidos a louvar Nossa Senhora com vocábulos predominantemente sudaneses.

d) Proposta de criação de um rito litúrgico afro-brasileiro: já em 1982 publicava-se na *REB* que "por sua natureza o homem negro exige um rito litúrgico próprio";[372] mas isso jamais se concretizou.

O assunto ganhou um novo enfoque a partir de 1992, quando o Romano Pontífice, por ocasião da celebração do quinto centenário da primeira evangelização, proclamou de forma oficial e solene em Santo Domingos, a Nova Evangelização. Não se tratava de "reevangelização", mas sim outra etapa na história iniciada, adaptada às circunstâncias do momento, em vista de superar seus desafios. Entretanto, no decorrer do terceiro milênio, iniciativas como as citadas acima, arrefeceram.

c. Os novos caminhos da pastoral

Para levar adiante o projeto de anunciar a citada nova evangelização "com novo ardor nos seus métodos e nas suas expressões" a Igreja se vê na contingência de utilizar os recursos humanos de que dispõe, e nesse particular, certas indefinições se colocam. Na década de 1970, a alternativa parecia ter se materializado nas comunidades eclesiais de base (CEBs), iniciadas antes mesmo da abertura do Vaticano II. Elas ganharam maior visibilidade a partir de 1975, com a realização em Vitória, ES, de seu primeiro encontro nacional ("intereclesial"), sob o lema "Uma Igreja que nasce do povo",[373] ao qual se seguiriam várias outras reuniões similares.

[371] Cf. P. K. Iwashita, *Maria no contexto da religiosidade africana*, p. 606.

[372] Cf. *REB*, vol. 42, fasc. 167, 1982, p. 519.

[373] A. A. Melo, *A evangelização no Brasil: dimensões teológicas e desafios pastorais. O debate teológico e pastoral*, Editrice Pontificia Universitá Gregoriana, Roma 1996, p. 183.

A terceira conferência episcopal latino-americana celebrada em Puebla, México, no ano de 1979, dedicou igualmente vários artigos a tais comunidades, e ao falar do futuro no n. 156 sugeriu que se reconhecesse a validade da experiência delas e se encorajasse seu desenvolvimento "em comunhão com os pastores".[374]

No Brasil, isso aconteceu com relativa tranquilidade, pois vários prelados diocesanos estimulavam ditas organizações laicais. Houve, inclusive, quem afirmasse que o citado apoio acabou "arrastando devagar 'toda' a CNBB para colocar em suas prioridades as CEBs...".[375] Dizia-se ainda que elas, as CEBs, eram "uma chance de reencontro da Igreja 'oficial' com o mundo religioso popular" e um veículo de conscientização em que o Cristianismo encontrava sua configuração mais significativa. E, sendo tão abertas e participativas, também resgatariam, conforme opinava Dom José Maria Pires (1919-2017), "uma Igreja mais popular e por isso mesmo, mais negra e mais bonita" (Cant. 1,4 – *Nigra sunt et formosa*).[376]

Em outras palavras, "nesse núcleo popular feito Igreja" ou na "pequena Igreja local feita povo", o negro e toda a gente humilde acharia seu verdadeiro e legítimo espaço, o que permite intuir que a fé que professava na Mãe de Deus seria purificada e transformada em instrumento de libertação integral. A convicção no poder transformador das CEBs pode ser medida na definição que delas deu o tratado *Eclesiogênese*: "As Comunidades Eclesiais de Base 'reinventam' a Igreja!", isto porque, dentro delas, "a vida cristã se caracteriza pela ausência de estruturas alienantes, pelas relações interpessoais, autêntica fraternidade, ajuda recíproca, comunhão de ideais evangélicos e igualdade entre as pessoas..."[377]

A figura da Virgem e o seu culto não foram excluídos dessa reformulação, coisa que aconteceu por meio de afirmações contundentes:

---

[374] Terceira Conferência do Episcopado Latino-Americano, *A evangelização no presente e no futuro da América Latina*, Edições Loyola, São Paulo 2002, p. 119.

[375] J. Konings (Org.), *Teologia e pastoral*, Edições Loyola, São Paulo 1979, p. 30.

[376] J. M. Pires, "A Igreja e a escravidão no Brasil", em: *Convergência*, p. 287.

[377] L. Boff, *Eclesiogenesi - Le comunitá di base reiventano la Chiesa*, p. 14, 46-58.

> As CEBs têm Maria presente no cotidiano de suas vidas e de suas lutas. Já a veem, além da Mãe do céu, santa e misericordiosa, como a irmã da terra, companheira de caminhada, Mãe dos oprimidos, Mãe dos esquecidos. Ela é protagonista e modelo de uma espiritualidade nova, nascida no poço da vida, do sofrimento. Pode-se, sem dúvida, afirmar que Ela é, cada vez mais, figura dessa Igreja dos pobres, da qual as CEBs são a concretização nova e privilegiada.[378]

A partir dos anos de 1990, no entanto, o discurso de certos setores ligados às CEBs começou a mudar de tom. Yolanda Bettencourt Thomé, ao analisar a realidade eclesial de Crateús, CE, não deixou de anotar o parecer de um coordenador advertindo que "apenas 10% dos cristãos" participavam das comunidades eclesiais de base. Isso inclusive induziu a autora a ressaltar que se estava fazendo "um grande esforço" para dar mais valor ao que chamava de "movimentos de massa".[379]

Com efeito, os movimentos de espiritualidade, presentes no país desde as décadas anteriores, conquistaram tamanha popularidade, que impuseram reconsiderações. Bem adaptados ao meio urbano, de fácil contato com a mídia, não tardaram a cair no gosto do povo católico. Dentre eles, sobretudo um, roubou a cena: a "Renovação Carismática Católica". Com sua espiritualidade vibrante, manifestada em encontros descontraídos e muito participados, os "carismáticos" atraíram milhões de seguidores, ao tempo em que valorizavam as invocações marianas do momento, como a aparição de Medjugorje. O crescimento da RCC logo chamou a atenção da grande imprensa leiga e, nas fotografias das manchetes publicadas, foi possível constatar que a presença de negros e mestiços era numerosa.[380]

O "fenômeno carismático" se tornou parte integrante de um processo de transformação eclesial mais amplo, pois ele, com outros movimentos, estimularam e continuam estimulando o surgimento de "novas comunidades de vida", que estão gradualmente alterando a compleição

378 Caliman C. et alii, *Teologia e devoção mariana no Brasil*, p. 138.
379 Y. B. Thomé, *Crateús. Um povo, uma Igreja*, Edições Loyola, São Paulo 1994, p. 139.
380 Cf. Revista *Veja*, n. 38, 20-9-1995, p. 72-76.

dos regulares no país, o que com certeza trará consigo consequências imprevisíveis. De outra feita, também apareceram análises mais serenas a respeito da RCC. Isso aconteceu até mesmo em certos órgãos da imprensa católica europeia, que começaram a admitir ser chegada a hora de "rever muitos estereótipos sobre a Igreja no Brasil".[381]

Não falta, contudo, quem continue a afirmar o valor das CEBs e sua relevância para a Igreja no país; mas, mesmo em lugares longínquos, as interrogações despontam. Isso pode ser verificado numa análise feita na diocese de Rio Branco, AC:

> Torna-se sempre mais evidente a crise das CEBs não apenas em nossa diocese, mas em toda a Igreja brasileira. [...] O povo tem dificuldade para entender a ligação entre fé e vida e para participar da política, a partir e por causa de sua opção de fé; e também: Há momentos em que parece que as 'lideranças da Igreja' seguem um rumo e o 'povo' outro...[382]

Uma tentativa de recuperação aconteceu durante a quinta conferência episcopal latino-americana realizada em Aparecida de 13 a 31 de maio de 2007. Lá, introduziu-se um texto, propondo: "*Queremos decididamente reafirmar e dar novo impulso à vida e missão profética e santificadora das CEBs...*" Mas os bispos presentes não endossaram dita proposta, que, mesmo assim, reapareceu na quarta e última versão. O texto final, contudo, fez uma leitura bastante diversa do assunto:

> As comunidades eclesiais de base, [...] mantendo-se em comunhão com seu bispo e inserindo-se no projeto da pastoral diocesana, convertem-se em sinal de vitalidade na Igreja particular. [...] Em seu esforço de corresponder aos desafios dos tempos atuais, as comunidades eclesiásticas de base cuidarão de não alterar o tesouro precioso da Tradição e do Magistério da Igreja.[383]

---

[381] A. Antoniazzi, "Più vicini a Roma restando in Brasile", em: *Il Regno*, 15-6-1995, p. 345.
[382] J. Pertiñez – M. Lombardi, *História da diocese de Rio Branco (1878-2000)*, SNT, p. 644.
[383] CELAM, *Documento de Aparecida*, Paulus, 2.ª ed., São Paulo 2007, p. 91.

Justo em 2007, João Batista Libânio (1932-2014) conjecturava se no futuro, aquilo que chamava de "modelo hegemônico" eclesial (Roma, diocese, paróquia), não cederia sempre mais espaço para dois outros modelos (CEBs e carismáticos), ante os quais o clero se tornaria árbitro de "baixa intensidade".[384] Não foi o que ocorreu no período seguinte.

4. As incertezas do amanhã

Uma possibilidade real? Um dia não haverá mais negros retintos no Brasil... Motivo: ao contrário de lugares como Estados Unidos e África do Sul, não existem no país duas realidades étnicas paralelas e sim uma realidade única, em que pese suas contradições e preconceitos arraigados. Dito de outro modo, mesmo considerando que a miscigenação pode não ser tão positiva quando já se pretendeu, o negro está sendo lentamente absorvido, ou, em outras palavras, a população brasileira está "embranquecendo" (ou clareando).[385]

Não se legitima aqui, naturalmente, o parecer de João Batista de Lacerda (1846-1915) que, em Londres, no ano de 1911, ao participar do I Congresso Internacional das Raças, defendeu como sendo "bom" o contínuo "branqueamento" dos brasileiros a cada geração. No caso, faz-se tão somente uma constatação: o negro, a exemplo de todas as etnias do país, passando por contínua mescla inter-étnica, vai sendo assimilado por uma população que caminha para a miscigenação geral. O fato, exatamente a causa de sua originalidade, constitui-se num grande desafio para a Igreja, porque não possui paralelos outros que consintam analogias. E, o que é mais perturbador: ao mesmo tempo em que se

[384] J. B. Libânio, *Os carismas na igreja do terceiro milênio: discernimento, desafios e praxis*, Edições Loyola, São Paulo 2007, p. 251.
[385] Cf. N. F. Maia, *Brasil: laboratório racial*, p. 54-55.

afirma que a Virgem Maria faz parte da cultura coletiva dos brasileiros, estudiosos reconhecem que ainda falta um adequado conhecimento da religiosidade popular![386]

Essa realidade igualmente evidencia o quanto pesam as deficiências pastorais. Ainda assim, resta um dado positivo: o que não soube fazer o clero, fez o povo negro e mestiço, que se adaptou como melhor lhe convinha, não sendo sem razão que alguns digam que "as festas populares da Igreja do Brasil estão tingidas de africanismo".[387]

Claro que esta "cor africana" exige discernimento, sobretudo quando o assunto em pauta tem a ver com o sincretismo. Afinal, não basta constatar o óbvio, isto é, que Maria é cultuada por muitos com a roupagem de Oxum e Iemanjá e vice-versa. A questão de fundo é outra e permanece quase inalterada: "apesar de tantos elementos católicos assimilados, os cultos sincretistas não são cristãos".[388] Daí, superados os tempos de intolerância, não se pode instituir um novo equívoco: a era da omissão ou do relativismo. O diálogo, portanto, deve ser reproposto em outros níveis, valorizando as diferenças, mas salvaguardando a própria identidade. Além disso, tampouco se pode ignorar as orientações do Concílio Vaticano II a respeito. O texto conciliar é claro: descartando o falso "irenismo", o Evangelho deve ser anunciado a todos, sendo função dos sucessores dos Apóstolos dar continuidade à obra dos seus predecessores.[389]

A conjuntura do país por si mesma exige a necessidade de reafirmar certos valores; sobretudo porque, de um lado, avança o secularismo, e doutro, crescem vertiginosamente, especialmente entre os menos favorecidos, as seitas pentecostais, nada dispostas a compromissos. Isso muito tem a ver com o assunto aqui abordado, pois, como já disse, as referidas seitas e os demais cultos não católicos apenas colhem os frutos

---

[386] C. Caliman et alii, *Teologia e devoção mariana no Brasil*, p. 47.

[387] A. Ramos, *A aculturação negra no Brasil*, p. 272.

[388] V. C. Costa, As religiões negras brasileiras, em: *Estudos da CNBB*, n. 52, p. 93.

[389] Cf. *Decreto Ad Gentes*, n. 1a./ 862, 7-12-1965.

de sentimentos religiosos latentes e de um dinamismo missionário, que nem sempre encontram na fé da Igreja.[390]

Seria precipitado, porém, imaginar que o Catolicismo haja perdido seu apelo popular. As referências espirituais que possui não esgotaram seu potencial, sendo que uma delas, em particular – a veneração à Virgem Maria –, nas suas invocações mais conhecidas e veneradas, continua sendo de grande importância para o povo. Cumpre, pois, à Igreja revalorizar o patrimônio religioso e cultural que possui, ter suficiente flexibilidade e audácia para superar posições rígidas e modelos pastorais já superados, pois assim requer a sua missão e disso depende o seu futuro.

[390] J. E. M. Terra, "A evangelização no Brasil", em: *Communio*, Rio de Janeiro, n. 41, 1988, p. 45.

CONCLUSÃO

A Igreja não foi responsável pela introdução da escravidão no Brasil, não criou as estruturas visíveis, que lhe propiciaram a longa sobrevivência, e muito menos fez da exploração do homem pelo homem um artigo de fé. Entretanto, submetida como estava a um Estado regalista, que a reduzia a pouco mais de um departamento da administração pública, esta mesma Igreja, despojada das forças humanas e morais para investir contra a ordem estabelecida, por longo tempo, não fez mais que se resignar ao seu destino. Amenizou decerto os excessos do sistema, mas somente na segunda metade do século XIX, com o triunfo do "ultramontanismo", é que sua voz se levantaria contra o escravismo de forma decidida e pública.

Laicizado o Estado com o advento da República, e, podendo finalmente afirmar a própria identidade sem entraves externos, por longas décadas, a instituição eclesiástica fez da sua reestruturação a primeira prioridade, sempre, evidentemente, fazendo da ortodoxia doutrinária o instrumento privilegiado para tanto. Vozes se levantaram em defesa dos menos favorecidos, mas foi necessário esperar a segunda metade do século XX para que elas ganhassem certa consistência.

No que tange à piedade mariana dos negros e mestiços, continua, portanto, atual a necessidade de resgatar os valores marginalizados, denunciar os preconceitos persistentes, reforçar os canais de renovação que se apresentam e levar para o foro externo as propostas, já articuladas, em prol de uma serena revisão da história e da reconstrução da personalidade de um país, que traz a África no sangue. Fazê-lo é, sobretudo, uma questão de fé. Afinal, "nem o povo de Deus terminou a sua ação, nem Maria cessou de desenvolver a sua missão de Mãe da Igreja". Não se trata, porém, de se insistir no erro das respostas prontas e dos projetos "ousados", elaborados por pensadores solitários, mas sim de ouvir a parte interessada – negros e pardos – e, a partir deles próprios, acolher seus anseios, recuperar o que ainda se pode e, com tais dados em mão, repensar a própria caminhada no terceiro milênio, tendo-os como parte integrante e indispensável.

Serve de estímulo, quanto a isso, constatar que, contra uma fria lógica racionalista, a adesão ao Cristianismo aconteceu, como o comprovam os esplêndidos frutos do passado, grandiosos o bastante, para que também lá se possa buscar inspiração para o futuro. Nessa perspectiva, um fato que, ou é ignorado ou é tratado com parcimônia pelos manuais de história eclesiástica, constitui-se numa página memorável do Catolicismo: o trabalho "missionário" dos leigos negros brasileiros na Nigéria no século XIX. Eram homens livres, que acusados e perseguidos por supostamente incitar os cativos a fugirem e rebelarem-se, passaram constrangimentos tais, que, por fim, se viram obrigados a retornar ao continente de seus ancestrais. Porém foi justamente aí que sucedeu o episódio inusitado: eles eram católicos, sentiam-se católicos e, em vez de retornarem aos cultos tradicionais, passaram a difundir a fé cristã onde iam se instalando. Foi assim que construíram igrejas, e, como no Brasil, organizaram-se em irmandades, conseguiram missionários europeus para atendê-los e deram continuidade àquela piedade religiosa mariana exuberante, que praticavam do outro lado do Atlântico. O seu "sucesso" e a sua perseverança provam a eficácia das iniciativas que adotam, quando respeitadas e estimuladas, o que de per si se constitui num elemento questionador.

Esteja claro, no entanto, que pela sua vastidão e heterogeneidade, a religiosidade negra e mestiça do Brasil requer ainda uma série de aprofundamentos nos seus múltiplos aspectos. Assim, a presente abordagem tem consciência dos próprios limites, desejando tão somente fornecer algumas pistas para a compreensão de uma realidade que, se aqui coloca os afrodescendentes no centro da reflexão, certamente abrange uma problemática bem maior, que tem a ver com três continentes (Europa, África e América). Tampouco se deve esquecer que uma tomada de posição nunca foi tão necessária; inclusive para que não se repita no futuro o desagradável trocadilho: "A Igreja evangeliza pouco e depois se lamenta das consequências da falta de evangelização".

FONTES E BIBLIOGRAFIA

1. FONTES

1.1. Arquivos

Arquivo Secreto Vaticano:

- "Consulta da Seção dos Negócios do Império do Conselho de Estado sobre o recurso interposto pela Irmandade do Santíssimo Sacramento da igreja matriz da freguesia de Santo Antônio da cidade do Recife, contra o ato pelo qual o Reverendo Bispo de Olinda a declarou interdita" em: *Nunciatura Apostólica no Brasil*, fasc. 208, caixa 45.

1.2. Documentos papais, curiais e episcopais

Barros, J. P. S., Carta Pastoral do Bispo de Olinda saudando aos seus diocesanos depois de sua sagração, Tipografia de Jorge Seckler, São Paulo 1881.

Benedito XIV e Clemente XIV, Coleção das Letras Apostólicas em forma de Breves dos Sumos Pontífices Benedito XIV e Clemente XIV expedidas para o Reino de Portugal desde 23 de *agosto de 1756 até 22 de abril de 1774 e das Pastorais que o Eminentíssimo Cardeal Patriarca de Lisboa e os Excelentíssimos Arcebispos e Bispos do Reino de Portugal têm publicado nas suas dioceses desde 24 de fevereiro de 1770 até 13 de setembro de 1774* (miscelânea), Régia Oficina Tipográfica, Lisboa 1775.

Cavalcanti, J. A., *Carta pastoral do episcopado brasileiro por ocasião do centenário da independência*, Papelaria e Tipografia Marques e Araújo, Rio de Janeiro, 1922.

Cavalcanti, J. A. A. et alii, Pastoral Coletiva dos Senhores Bispos da Província Meridional do Brasil (3-12/11/1901), Tipografia Leuzinger, Rio de Janeiro, 1902.

Cavalcanti, J. A. A. et alii, Pastoral coletiva dos Srs. Arcebispos e Bispos das províncias eclesiásticas de São Sebastião do Rio de Janeiro, Mariana, São Paulo, Cuiabá e Porto Alegre, Tipografia Leuzinger, Rio de Janeiro 1911.

Celam, *Las cinco conferencias generales del episcopado latinoamericano*, San Pablo, Bogotá 2014.

Celam, *Documento de Aparecida*, Paulus, 2ª ed., São Paulo 2007.

Cnbb, *Eras Tu Senhor?*, Dom Bosco, São Paulo 1995.

Cnbb, *Ouvi o clamor deste povo*, Paulinas, São Paulo 1988.

Costa, A. M., *A questão religiosa no Brasil perante a Santa Sé*, Lallemant Fréres, Lisboa 1886.

Dupanloup, F. A. F., *Carta do Exmo. e Revmo. Bispo de Orleans ao clero de sua diocese sobre a escravidão*, Tipografia Universal de Laemmert, Rio de Janeiro 1865.

Gerlache, B. et alii, *Assemblée générale des catholiques en Belgique*, tomo I, Victor Devaux, Bruxelles 1865.

Mayer, A. C., *Carta sobre os problemas do apostolado moderno*, 2ª ed., Boa Imprensa, Santos, 1953.

Oliveira, V. M. G., *Abrégé historique de la question religieuse du Brésil*, Imprimerie de la Propagande, Rome 1875.

Sagrada Congregação Para Os Sacramentos e o Culto Divino, *Sobre a "Missa dos Quilombos"* (02.03.1982), n. 1649/ 81, em: comunicado mensal da CNBB, março de 1982.

VIDE, S. M., *Constituições Primeiras do Arcebispado da Bahia*, 3ª ed., Tipografia de Antônio Lousada Nunes, São Paulo, 1853.

1.3. Documentos jurídicos, políticos e anticlericais

Abranches, D., *Atas e atos do governo provisório*, Imprensa Nacional, Rio de Janeiro 1907.

Anais do Parlamento Brasileiro de 1888 – Câmara dos Deputados, vol. I, Imprensa Nacional, Rio de Janeiro 1888.

Código Criminal do Império do Brasil, Tipografia Imperial e Constitucional de Émile Seignot-Plancher, Rio de Janeiro 1831.

Código Penal brasileiro, 2ª ed., Livraria Acadêmica, São Paulo 1929.

Coleção das leis do Império do Brasil de 1835, parte primeira, Tipografia Nacional, Rio de Janeiro 1864.

Coleção das leis do Império do Brasil de 1860, vol. II, Tipografia Nacional, Rio de Janeiro 1860.

Coleção das leis do Império do Brasil de 1866, Imprensa Nacional, Rio de Janeiro 1887.

Coleção das leis do Império do Brasul de 1871, tomo XXI, Tipografia Nacional, Rio de Janeiro 1871.

Coleção das Leis do Império do Brasil de 1888, vol. I, Imprensa Nacional, Rio de Janeiro 1889.

Constituição da República dos Estados Unidos do Brasil, Imprensa Nacional, Rio de Janeiro 1891.

Fontoura, U. A., *Saldanha Marinho – esboço biográfico*, Dias da Silva Júnior Tipógrafo Editor, Rio de Janeiro 1878.

Marinho, J. S., *Discurso proferido na abertura dos trabalhos da Assembleia Geral do povo maçônico brasileiro em 27 de abril de 1872*, Tipografia da Esperança, Rio de Janeiro 1872.

Mello, S. J. C. et alii, *Coleção dos negócios de Roma no reinado de El-Rei Dom José I*, Imprensa Nacional, Lisboa 1874.

1.4. Fontes gerais publicadas

Agassiz, L. e E. C. Agassiz, *Viagem ao Brasil*, Companhia Editora Nacional, São Paulo, 1938.

Araújo, J. S. A. P., *Memórias históricas do Rio de Janeiro e das províncias anexas à jurisdição do vice-rei do Estado do Brasil*, tomos I - III, VIII, Impressão Régia, Rio de Janeiro 1820/22.

Avé-Lallemant, R., *Viagens pelas províncias da Bahia*, Pernambuco, Alagoas e Sergipe, Itatiaia, Belo Horizonte 1980.

Barbosa, R., *O Papa e o Concílio*, Brown e Evaristo Editores, Rio de Janeiro 1877.

Carneiro, J. C. M., *O Catolicismo no Brasil (Memória histórica)*, Livraria Agir Editora, Rio de Janeiro 1950.

Castro, T., *História documental do Brasil*, 2ª ed., Distribuidora Record, Rio de Janeiro SD.

Debret, J. B., *Viagem pitoresca e histórica ao Brasil*, vols. I - II, Itatiaia, Belo Horizonte 1978.

Denis, F., *Brasil*, Itatiaia, Belo Horizonte 1980.

D'Orbigny, A., *Viagem pitoresca através do Brasil*, Itatiaia, Belo Horizonte 1976.

Ewbank, T., *Vida no Brasil*, Itatiaia, Belo Horizonte 1976.

Gardner, G., *Viagem ao interior do Brasil*, Itatiaia, Belo Horizonte 1975.

Graham, M., *Diário de uma viagem ao Brasil e de uma estada nesse país durante parte dos anos de 1821, 1822, 1823*, Companhia Editora Nacional, São Paulo 1956.

Kidder, D. P., *Reminiscências de viagens e permanências nas províncias do norte do Brasil*, Itatiaia, Belo Horizonte 1980.

Koster, H., *Viagens ao nordeste do Brasil* (Travels in Brazil), Companhia Editora Nacional, São Paulo 1942.

Pereira, N. M., *Compendio narrativo do Peregrino da América, em que se tratam vários discursos*, Oficina de Antônio Vicente da Silva, Lisboa 1740.

Piseley, G., *Brasil, no Rio da Prata e no Paraná*, Editora Primor, Rio de Janeiro 1978.

Pohl, J. E., *Viagem ao interior do Brasil.*

Nabuco, J., *Um Estadista do Império*, vol. III, Instituto do Progresso Editorial, São Paulo 1949.

Ribeyrolles, C., *Brasil pitoresco*, vol. I – II, Itatiaia, Belo Horizonte 1980.

RUGENDAS, J. M., *Viagem pitoresca através do Brasil*, Livraria Martins, São Paulo, 1940.

SAINT-HILAIRE, A., *Viagem pelo distrito dos diamantes e litoral do Brasil*, Itatiaia, Belo Horizonte 1974.

SAINT-HILAIRE, A., *Segunda viagem do Rio de Janeiro a Minas Gerais e a São Paulo (1822)*, Companhia Editora Nacional, São Paulo 1938.

SAINT-HILAIRE, A., *Viagem à Província de Goiás*, Itatiaia, Belo Horizonte 1975.

SAINT-HILAIRE SAINT-HILAIRE, A., *Viagem à província de São Paulo e resumo das viagens ao Brasil, província*
Cisplatina e missões do Paraguai, 2ª ed., Livraria Martins Editora, São Paulo 1945.

SANTA MARIA, A., *Santuário mariano e história das imagens milagrosas de Nossa Senhora*, tomos I, VI, IX, Oficina de Antônio Pedroso Galram, Lisboa 1716/1722/ 1723.

SEIDLER, C., *Dez anos no Brasil*, Itatiaia, Belo Horizonte 1980.

SPIX, J. B. V. E C. F. P. V. MARTIUS, *Viagem ao Brasil (1817 - 1820)*, vol. I, Edições Melhoramentos, São Paulo SD.

SUZANNET, C., *O Brasil em 1845*, Livraria da Casa do Estudante do Brasil, Rio de Janeiro 1954.

TAUNAY, A., *A Missão artística francesa de 1816*, Publicações da Diretoria do Patrimônio Histórico e Artístico Nacional, Rio de Janeiro 1956.

TOLLENARE, L. F., *Notas dominicais*, Livraria Progresso Editora, Salvador 1956.

WALSH, R., *Notícias do Brasil*, vols. I – II, Itatiaia, Belo Horizonte 1985.

2. BIBLIOGRAFIA

2.1. Livros

ACQUARONE, F., *Mestres da pintura no Brasil*, Paulo de Azevedo, Rio de Janeiro SD.

Almeida, R., *História da música brasileira*, Editrice Romana, Roma 1992.

Anati, E., *Le Origini e il problema dell'homo religiosus*, Editoriale Jaca Book, Milano 1989.

Aquino et alii, R. S. L. de, *Sociedade brasileira: uma história através dos movimentos sociais*, 5ª ed., Editora Record, Rio de Janeiro 2007.

Araújo, A. M. e V. J. Taborda, *Antologia ilustrada do folclore brasileiro*, vol. VII, Edigraf, São Paulo SD.

Balmes, J., *A Igreja Católica em face da escravidão*, Centro Brasileiro de Fomento Cultural, São Paulo, 1988.

Barbosa, A. G., *Nova evangelização*, Paulinas, Lisboa 1994.

Barbosa, E. C., *O ciclo do ouro, o tempo e a música do barroco católico*, PUC, Rio de Janeiro 1979.

Bardi, P. M., *História da arte brasileira*, Melhoramentos, São Paulo 1975.

Bardi, P. M., *Em torno da escultura no Brasil*, Raízes Artes Gráficas, São Paulo 1989.

Bardi, P. M et alii, *Arte no Brasil*, São Paulo 1986.

Barreto, F. C., *Os milagres de Kari*, Edição do Autor, Rio de Janeiro 2017.

Bastide, R., *O Candomblé na Bahia*, Companhia Editora Nacional, São Paulo 1961.

Bastide, R., *Estudos afro-brasileiros*, Perspectiva, São Paulo 1973.

Beluzzo et alii, A. M. N. M., *Brasil barroco entre céu e terra*, União Latina, [lugar de publicação não citado] 1999.

Benson, S., *Stati Uniti*, EDT, Torino 2010.

Berkenbrock V. J., *A experiência dos orixás*, 2.ª ed., Vozes, Petrópolis 1999.

Bidegáin A. M., *História dos cristãos na América Latina*, tomo I, Vozes, Petrópolis 1993.

Bohrer, N., *Conde de Avillez - O Cavaleiro e o rei*, Edição do Autor, Rio de Janeiro 2010.

Bihlmeyer, K .– H. Tuechle, *Storia della Chiesa*, vol. 1, Morcelliana, Brescia 1986.

Boff, L., *Eclesiogenesi - Le comunitá di base reiventano la Chiesa*, Borla, Roma 1978.

Böing, M. P., *Nossa Senhora Aparecida, a padroeira do Brasil*, Edições Loyola, São Paulo 2007.

Brustoloni, J., *Milagres de Nossa Senhora Aparecida*, Editora Santuário, Aparecida 1985.

Buono, A. M., *Le più grandi preghiere a Maria. Storia, uso, significato*, Paoline, Milano 2002

Cacciatore, O. G., *Dicionário afro-brasileiro*, Forense Universitária, Rio de Janeiro 1977.

Caliman, C. et alii, *Teologia e devoção mariana no Brasil*, Paulinas, São Paulo 1989.

Calmon, P., *A Princesa Isabel, "A Redentora"*, Companhia Editora Nacional, São Paulo 1941.

Calmon, P., *História da civilização brasileira*, Companhia Editora Nacional, São Paulo 1935.

Calógeras, J. P., *Formação Histórica do Brasil*, 4ª ed., Companhia Editora Nacional, São Paulo 1945.

Carneiro, E., *Religiões negras, negros bantos*, 3ª ed., Civilização Brasileira 1991.

Carneiro, E., *Ladinos e crioulos*, Civilização Brasileira, Rio de janeiro 1964.

Carvalheira, J. V., *Nossa Senhora na história e devoção do povo português*, Edições Salesianas, Porto 1988.

Cascudo, L. C., *Lendas brasileiras*, Tecnoprint, Rio de Janeiro 1988.

Cascudo, L. C., *Dicionário do folclore brasileiro*, vol. II, Instituto Nacional do Livro, Rio de Janeiro 1962.

Centro Científico Internacional da UNESCO, *História Geral da África*, vol. IV, Djbril Tamsir Niane, Brasília 2010.

César, E. M. L., *Mochila nas costas e diário na mão*, Editora Ultimato, Viçosa 2009.

Cintra, F. A., *As amantes do Imperador*, Civilização Brasileira, Rio de Janeiro 1933.

Cintra, R., *Candomblé e Umbanda, o desafio brasileiro*, Paulinas, São Paulo 1985.

Civita, V. (editor), *Arte nos séculos*, vol. V, Abril Cultural, São Paulo SD.

Costa, V. C., *Umbanda, os seres superiores e os orixás/ santos*, vol. I, Loyola, São Paulo 1983.

Costa, V. G., *E do dendê!: história e memórias urbanas da nação Xambá no Recife (1950-1992)*, Annablume, São Paulo 2009.

Cropani, E. F. et alii, *Nosso Século*, vols. I, IV, Abril Cultural, São Paulo 1980.

Cunha, M. C., *Negros estrangeiros, os escravos libertos e sua volta para a África*, Brasiliense, São Paulo 1985.

De Gasperis, F. R., *Sentieri di vita*, Paoline, Milano 2006.

De Rosa, G. L., *Identità culturale e protonazionalismo. Il ruolo delle Accademie nel Brasile del XVIII secolo*, Franco Angeli, Milano 2011.

Dornas Filho, J., *O Padroado e a Igreja brasileira*, Companhia Editora Nacional, São Paulo 1938.

Duarte, J., *A história contada pelo diário*, Fundação Assis Chateaubriand, Recife 2005.

Echeverria, R., *A história da Princesa Isabel*, Versal, Rio de Janeiro 2014.

Edmundo, L., *O Rio de Janeiro no tempo dos vice-reis*, vol. III, 4ª ed., Gráfica Elite, Rio de Janeiro 1956.

Edmundo, L., *Recordações do Rio Antigo*, 2ª ed., Gráfica Elite, Rio de Janeiro 1956.

Edmundo, L., *A Corte de Dom João VI no Rio de Janeiro*, vol. III, 2ª ed., Gráfica Elite, Rio de Janeiro 1957.

Fage, J. D., *Storia dell'Africa*, Società Editrice Internazionale, 2ª ed., Torino 1995.

Fernando, J., *O Aleijadinho*, Tecnoprint, Rio de Janeiro, 1967.

Fonseca, A. B., *Relações e privilégios: estado, secularização e diversidade religiosa no Brasil*, Editora Novos Diálogos, Rio de Janeiro 2011.

Fraginals, M. M., *África en América Latina*, 3ª ed., Siglo Ventiuno Editores, Madrid 1996.

França, E. N., *A música no Brasil*, Departamento de Imprensa Nacional, Rio de Janeiro 1953.

Freitas, D., *Escravos e senhores de escravos*, Mercado Aberto Editora, Porto Alegre 1983.

Freyre, G., *Casa grande e senzala*, 29ª ed., Record, Rio de Janeiro 1992.

Galli, A., *Madre della Chiesa*, vol. III, STE, Ascoli 1975.

García, F. A. M., *Venerantes Virginem Mariam: Análisis teológico de los títulos Inmaculada, Asunta y Madre de la Iglesia en la eucología de los misales romanos de 1962 y 2002*, Ediciones Universidad San Dámaso, Madrid 2016.

Gharib, G., *La Madre di Dio nelle Chiese Orientali*, Pontifícia Faculdade Teológica Marianum, Roma 1995.

Gismondi, P. C., *Tentativa de uma pequena história da arte no Brasil*, Publicações Convívio, São Paulo 1964.

Gomes, F., *Negros e política (1888-1937)*, Jorge Zahar Editor, Rio de Janeiro 2005.

Gomes, F., *Moambos e quilombos*, Editora Claro Enígma, São Paulo 2015.

González, J. L. – C. Cardoza, *Historia general de las misiones*, Editorial Clie, Barcelona 2008.

Gribaudi, O., *Profilo geografico del continente africano*, Edizione Radio Italiana, Torino 1959.

Gumppemberg, G., *Atlante Mariano*, tomo IX 1, Tipografia Sanvido, Verona 1854.

Holanda, S. B., *História geral da civilização brasileira*, Difusão Europeia do Livro, São Paulo 1960.

HOORNAERT E. ET ALII, *História da Igreja no Brasil*, tomo II 1 -2, Vozes, Petrópolis 1983.

IWASHITA P. K., *Maria no contexto da religiosidade popular brasileira*, Imprimerie S. Canisius, Fribourg 1987.

JAFFE, O., *Sudafrica. Storia politica*, Editoriale Jaca Book, Milano 1997.

JEDIN H. (DIR.), *Storia della Chiesa*, vol. VI, Editoriale Jaca Book, Milano 2001.

KLOPPENBURG, B., *A umbanda no Brasil*, Vozes, Petrópolis 1961.

KLOPPENBURG, B., *Espiritismo: orientação para os católicos*, 8ª ed., Edições Loyola, São Paulo 2005.

KONINGS, JOHAN (ORG.), *Teologia e pastoral*, Edições Loyola, São Paulo 1979.

LANGE, F., *História da música nas irmandades de Vila Rica*, vol. V, Imprensa Oficial do Estado de Minas Gerais, Belo Horizonte 1981.

LEITE, E., *Maria e Iemanjá*, Editora Ave Maria, São Paulo 2003.

LEITE, S., *História da Companhia de Jesus no Brasil*, tomos I, IV, Livraria Portugália, Lisboa 1938/ 1943.

LEITE, S., *Monumenta Brasilae*, vol. II, Monumenta Storica SI, Romae 1956.

LEITE, S., *Novas páginas de história do Brasil*, Companhia Editora Nacional, São Paulo 1965.

LIBÂNIO, J. B., *Os carismas na igreja do terceiro milênio: discernimento, desafios e práxis*, Edições Loyola, São Paulo 2007.

LIMA, F. C. P., *A Virgem e Portugal*, vols. I - II, Edições Ouro, Porto 1967.

LIMA, R. T., *Vida e época de José Maurício*, Livraria Elo, São Paulo 1941.

LODY, R., *Candomblé, religião e resistência cultural*, Editora Ática, São Paulo 1987.

LOPES, H. T., *Negro e cultura no Brasil*, Unibrade, Rio de Janeiro 1987.

LOPES, N., *Bantos, Malês e identidade negra*, Forense Universitária, Rio de Janeiro 1988.

LYRA, H., *História de Dom Pedro II*, vol. II, Companhia Editora Nacional, São Paulo 1939.

Lucchesi et alii, Dante, *O português afro-brasileiro*, Editora da Universidade Federal da Bahia, Salvador 2009.

Machado Filho, A. M., *O negro no garimpo em Minas Gerais*, Itatiaia, Belo Horizonte 1985.

Machado, A. M., *Infâmia*, Editora objetiva, Rio de Janeiro 2011.

Maestri, M., *Lo schiavo coloniale*, Sellerio Editore, Palermo 1989.

MAFFI, M., *Americana. Storie e culture degli Stati Uniti dalla A alla Z*, Il Saggiatore, Milano 2012.

Maia, N. F., *Brasil, laboratório racial*, Vozes, Petrópolis 1987.

Magalhães, S. M., *A mesa de Mariana: produção e consumo de alimentos em Minas Gerais (1750-1850)*, ANNABLUME, São Paulo 2004.

Manzano Filho et alii, G., *100 anos de república*, vol. VI, Abril Cultural, São Paulo 1989.

Marcondes, N. – M. Bellotto (Org.), *Labirinto e nós: imagem ibérica em terras da América*, Editora UNESP, São Paulo 1999.

Mariz, V., *Historia de la musica en Brasil*, Centro de Estúdios Brasileños, Lima 1985.

Martins, L., *Brasil terra e alma*, Editora do Autor, São Paulo 1967.

Martins, T. J., *Quilombo de Campo Grande*, Santa Clara, Contagem 2008.

Mello, E. C. de, *Um imenso Portugal: história e historiografia*, Editora 34, São Paulo 2002.

Melo, A. A., *A evangelização no Brasil: dimensões teológicas e desafios pastorais. O debate teológico e pastoral*, Editrice Pontificia Universitá Gregoriana, Roma 1996.

Moraes E., *A escravidão africana no Brasil*, Companhia Editora Nacional, São Paulo 1933.

Moura, C., *Dicionário da escravidão negra no Brasil*, Editora da Universidade de São Paulo, São Paulo 2004.

Morley, H., *Minha vida de menina*, 11ª ed., José Olympio Editora, Rio de Janeiro 1971.

Narloch, L., *Guia politicamente incorreto da história do Brasil*, 2ª ed., Leya, São Paulo 2011.
Nina Rodrigues, R., *Os africanos no Brasil*, vol. IX, Companhia Editora Nacional, São Paulo 1932.
Nkemnkia, M. N., *Il pensare africano come "vitalogia"*, Città Nuova, Roma 1995.
Nogueira, M. P., *Muito além do melodramma: os prelúdios e sinfonias das óperas de Carlos Gomes*, Editora UNESP, São Paulo 2006.
Oliveira, M., *Santa Maria na história e tradição portuguesa*, União Gráfica, Lisboa 1967.
Oscar, J., *Escravidão e engenhos*, Achimé, Rio de Janeiro 1985.
Ossanna, T. F., *A Ave Maria. História, conteúdo, controvérsias*, Edições Loyola, São Paulo 2002.
Pietrostefani, G., *La tratta atlantica: genocidio e sortilegio*, Editoriale Jaca Book, Milano 2000
Prandini, P., *Cruz e Souza*, Selo Negro Edições, São Paulo 2011.
Pereira, B., *Figuras do Império e outros ensaios*, 2ª ed., Companhia Editora Nacional, São Paulo 1934.
Pereira, B., *A formação espiritual do Brasil*, Saraiva, São Paulo 1930.
Pertiñez, J. – M. Lombardi, *História da diocese de Rio Branco (1878-2000)*, SNT.
Pimentel, A., *História do culto de Nossa Senhora em Portugal*, Guimarães Libânia e Cia, Lisboa SD.
Pires, H., *A paisagem espiritual do Brasil no século XVIII*, São Paulo Editora Ltda, São Paulo 1937.
Ramos, A., *A aculturação negra no Brasil*, Companhia Editora Nacional, São Paulo 1942.
Rehbein, F. C., *Candomblé e salvação*, Loyola, São Paulo 1985.
Reis, C. N.– J. C. Prates (Org.), *Fragmentos de uma metrópole*, EDIPUCRS, Porto Alegre 1999.
Reis, J., *Invocações de Nossa Senhora em Portugal*, União Gráfica, Lisboa 1967.

Reis, J. J. e E. SILVA, *Negociação e conflito. A resistência negra no Brasil escravista*, Editora Scwarcz, São Paulo 1989.

Reis, J. (dir.), *Trattato di antropologia del sacro – Metamorfosi del sacro*, vol.10, Jaca Book, Milano 2009.

Reis, S. M., *Universo Umbandista*, Clube dos autores, SNT.

Romeiro, A. – A. V. Botelho, *Dicionário histórico das Minas Gerais*, 3ª ed., Autêntica Editora, Belo Horizonte 2013.

Rizzini, I. – I. Rizzini, *A institucionalização de crianças no Brasil*, 2ª ed., Edições Loyola, São Paulo 2004.

Risério, A., *A utopia brasileira e os movimentos negros*, Editora 34, São Paulo 2007.

Röwer, B., *História da Ordem Franciscana da Imaculada Conceição do Brasil*, Vozes, Petrópolis 1951.

Rubens, C., *Pequena história das artes plásticas no Brasil*, Companhia Editora Nacional, São Paulo 1941.

Rubert, A., *A Igreja no Brasil*, vols. I – II, Livraria e Editora Pallotti, Santa Maria 1981.

Sacramento, E. (Org.), *Brasil 500 anos. A arte no ciclo do ouro*, Novagência Editora e Comunicação, São Paulo 2000.

Sanches, J. D., *Nossa Senhora de Portugal*, União Gráfica, Lisboa 1947.

Sangirardi, J., *Deuses da África e do Brasil*, Civilização Brasileira, Rio de Janeiro 1988.

Santos, J. E., *Os Nagô e a morte*, Vozes, Petrópolis 1984.

Saraiva, J. H., *História concisa de Portugal*, 13ª ed., Publicações Europa-América, Mira-Sintra 1993.

Santos Filho, G., *O Catolicismo brasileiro e a construção de identidades negras na contemporaneidade*, Editora da Universidade Federal da Bahia, Salvador 2012.

Santos, J. R. et alii, *História nova do Brasil*, vol. IV, Brasiliense, São Paulo 1964.

Scherer, M. E., *Frei Domingos da Transfiguração Machado*, Edições Lúmen Christi, Rio de Janeiro 1980.

Schlesinger, H.– H. Porto, *Dicionário Enciclopédico das Religiões*, Editora Vozes, Petrópolis 1995.

Schwarz, R., *Ao vencedor as batatas*, Editora 34, São Paulo 2000.

Serpa, G., *A Virgem da Lusitânia*, Coimbra Editora, Coimbra 1947.

Silva, L., *Memórias do urbanismo na cidade do Rio de Janeiro (1778-1888)*, FAPERJ, Rio de Janeiro 2012.

Silva, P. C., *Ocultismo e Cristianismo*, Edições Loyola, São Paulo SD.

Silva V. G., *Candomblé e Umbanda, Caminhos da devoção brasileira*, Ática, São Paulo 1994.

Silva, V. G. (Org.), *Caminhos da alma: memória afro-brasileira*, Selo Negro Edições, São Paulo 2002.

Sodré, M . – L. Lima, *Um vento sagrado*, MAUAD, Rio de Janeiro 1996.

Souza, L. M., *O diabo e a Terra de Santa Cruz*, Editora Schwarcz, São Paulo 1987.

Souza, N. (Org.), *Catolicismo em São Paulo*, Paulinas, São Paulo 2004.

Sparta, F., *A dança dos orixás*, Haerder, São Paulo 1970.

Thomé, Y. B., *Crateús. Um povo, uma Igreja*, Edições Loyola, São Paulo 1994.

Tirapeli, P. (Org.), *Arte sacra: barroco memória viva*, 2ª ed., Imprensa Oficial do Estado de São Paulo, São Paulo 2005.

Torres, J. C. O., *História das ideias religiosas no Brasil*, Editorial Grijalbo, São Paulo 1968.

Torres, J. C. O., *Interpretação da realidade brasileira*, José Olympio Editora, Rio de Janeiro SD.

Vainfas, R. et alii, *Dicionário do Brasil Imperial (1822 – 1889)*, Editora Objetiva Ltda., Rio de Janeiro 2002.

Vallejo, C. A. et alii, *La evangelización del Nuevo Mundo*, Società Editrice Romana, Roma 1992.

Verger, P., *Orixás, deuses yorubas na África e no Novo Mundo*, Corrupio, São Paulo 1981.

Viana Filho L., *O Negro na Bahia*, 3ª ed., Nova Fronteira, São Paulo 1988.

VIDARTE, M. C. ET ALII, *V centenario de la llegada de la fé*, Ediciones VE, Lima 1991.

VIEIIRA, A., *Diário de um missionário popular*, Edições Loyola, São Paulo 1997.

ZALUAR, A. E., *Peregrinação pela Província de São Paulo (1860 - 1861)*, Itatiaia, Belo Horizonte 1975.

2.2. Artigos e similares

ALTOÉ, V., *A Igreja e a abolição – uma posição conservadora*, Instituto de Filosofia e Ciências Sociais, UFRJ 1987.

ALENCASTRO, L. F., "Nós em Angola, Angola em nós", em: revista *Veja*, n. 48, Abril Cultural, São Paulo 27-11-1996.

ANTONIAZZI, A., "Più vicini a Roma restando in Brasile", em: *Il Regno*, Centro Editoriale Dehoniano, Bologna 15-6-1995.

ASSUNÇÃO, M., "Os herdeiros de Chico Rei", em: revista *Isto é*, n. 1494. Editora Três, São Paulo 20-5-1998.

BOCCIA, S., "As bruxas paulistas", em: revista *Veja*, n. 41, Abril Cultural, São Paulo 13-10-1999.

CARVALHO, J. G. V., "Os capitães do mato e os caifazes", em: *REB*, vol. 48, fasc. 190, Vozes, Petrópolis 1988.

COSTA, V. C., As religiões negras brasileiras, em: *Estudos da CNBB*, n. 52, Paulinas, São Paulo 1987.

DAMIANI, M., "Maria africana", em: Revista *Isto é*, n. 1351, Editora Três, São Paulo 23-8-1995.

FRIAS, L., "Recuperação da memória banto", em: *Jornal do Brasil*, Rio de Janeiro 7-12-1996 .

HOORNAERT, E., "Ouvi o clamor deste povo negro", em: *REB*, vol. 48, fasc. 189, Vozes, Petrópolis 1988.

HOORNAERT, E., "A Missa dos quilombos chegou tarde demais?", em: *REB*, vol. 41, fasc. 164, Vozes, Petrópolis 1981.

KLOPPENBURG, B., "Ensaio de uma nova pastoral perante a umbanda", em: *REB*, vol. 42, fasc.167, Vozes, Petrópolis 1982.

Koser, C., "Maria Santíssima na constituição *De Ecclesia*", em: *REB*, vol. 24, fasc. 01, Vozes, Petrópolis 1964.

Lasagna, L., "Lettera brasiliana", em: *Bollettino Salesiano* (agosto 1882), n. 8, Scuola Tipográfica Salesiana, Torino 1882.

Marthe, M., "Novela no pelourinho", em: *Veja*, n. 24, Abril Cultural, São Paulo 2006.

Pires, J. M., "A Igreja e a escravidão no Brasil", em: *Convergência*, Vozes, Petrópolis 1988.

Rolim, F. C., "Em torno da Renovação Carismática Católica", em: *REB*, fasc. 218, Petrópolis 1995.

Serra, J., "O holocausto negro", em: *Folha de São Paulo*, São Paulo 14-3-1998, 4/ 5.

Susin, L. C., "O Negrinho do pastoreio - leitura teológica de uma lenda", em: *REB*, vol. 48, fasc. 189, Vozes, Petrópolis 1988.

Terra, J. E. M., "A evangelização no Brasil", em: *Communio*, n. 41, Rio de Janeiro 1988.

ÍNDICE

Este livro foi composto com as famílias tipográficas Adobe Caslon Pro e Bodoni
e impresso em papel Offset 63g/m² pela **Gráfica Santuário.**